Scriptor Praxis

ROLF SOBOLEWSKI

Informatikunterricht leicht gemacht

Anregungen und Tipps für den Einstieg

Cornelsen

Der Autor
Rolf Sobolewski ist seit zwanzig Jahren in der Lehrerweiterbildung tätig. Als Fachleiter bereitet er Referendarinnen und Referendare auf den Lehrerberuf vor, als Fachmoderator kümmert er sich um die Weiterbildung von Kolleginnen und Kollegen im Fach.

Alle aufgeführten Systeme und Tools stellen nur Beispiele für die Unterrichtsgestaltung dar. Bitte stimmen Sie sich mit Ihrer Schulleitung dazu ab, welche Systeme oder Tools an Ihrer Schule im Rahmen der Unterrichtsgestaltung genutzt werden dürfen.

Projektleitung: Jeffrey Mason, Berlin
Lektorat: Katia Simon, Essen
Umschlagkonzept/-gestaltung: Jule Kienecker, Berlin
Umschlagfoto: Shutterstock.com/Monkey Business Images
Layoutkonzept: fotosatz griesheim GmbH
Technische Umsetzung: Straive, Chennai

www.cornelsen.de

1. Auflage 2023

Druck: H. Heenemann, Berlin

ISBN 978-3-589-16899-6

PEFC zertifiziert
Dieses Produkt stammt aus nachhaltig bewirtschafteten Wäldern und kontrollierten Quellen.

www.pefc.de

Inhalt

Vorwort

Die Informatik ist in der Schule angekommen. War bis vor einigen Jahren die Informatik noch ein Fach, das von einigen wenigen enthusiastischen Lehrkräften in AGs im Nachmittagsbereich angeboten und von wenigen Nerds besucht wurde, ist sie mittlerweile ein immer festerer Bestandteil des Fächerkanons geworden. Laut Informatik-Monitor ist die Einführung von Informatik als Fach in fast allen Bundesländern möglich. Die Zahl der Bundesländer, die Informatik verpflichtend verankern, steigt von derzeit fünf auf neun in den nächsten Jahren (vgl. Schwarz 2022, S. 4f.). Das dürfte unter anderem an der Wucht liegen, mit der die Digitalisierung die Gesellschaft trifft, aber auch an den Chancen, die das Fach für die Allgemeinbildung bietet. Mit der wachsenden Bedeutung des Fachs für die Schule ist aber nicht die Zahl der Lehrkräfte gestiegen, die eine entsprechend Ausbildung gewählt haben. Das Fach war als mögliches Unterrichtsfach häufig nicht im Blick derjenigen, die sich für ein Lehramt interessierten. Oft lag das auch daran, dass das Fach aus der eigenen Schulzeit nicht bekannt war oder gar keine Möglichkeit zum Studium angeboten wurde.

Seit Jahren wird deswegen der Informatikunterricht auch von Lehrkräften erteilt, die ohne Fachstudium und entsprechendes Referendariat unterrichten (müssen). Da es so wenige Informatiklehrkräfte gibt, ist eine Vernetzung untereinander auch nicht immer möglich. In der Folge werden viele von ihnen zu Einzelkämpferinnen und -kämpfern, die sich so gut wie möglich den Herausforderungen des Informatikunterrichts stellen. An diese, gerade wenn sie neu im Fach sind, wendet sich das vorliegende Buch. Es will und kann weder das Studium noch eine mehrmonatige schulpraktische Lehreramtsausbildung ersetzen. Es möchte vielmehr über die ersten Hürden helfen und Vertiefungsangebote aufzeigen. Natürlich wird die Qualität des eigenen Unterrichts steigen, wenn man weiter in die fachliche und die fachdidaktische Materie eingestiegen ist. Auch hierzu liefert der vorliegende Band einige Anregungen.

Zunächst einmal geht es aber um ganz grundsätzliche Fragen, z. B.

- Was ist bei der Einrichtung eines Fachraums zu bedenken?
- Mit welcher Hardware lässt sich sinnvoll arbeiten?

Für den Unterricht stehen dann konkretere Fragen im Fokus, z. B.

- Was sollte man im Hinblick auf die Lernenden bedenken?
- Welche Themen behandelt man sinnvollerweise und nach welchen Kriterien kann man sie auswählen?
- Welche Programme bieten sich zur Erreichung von Lernzielen und zur Schulung von Kompetenzen an? Welche Empfehlungen bieten bei der Auswahl von Programmen eine hilfreiche Orientierung?
- Welche Besonderheiten für die Leistungsbewertung gibt es?
- Wie lassen sich Sprache und Fachsprache fördern?
- Auf welche Besonderheiten beim Classroom Management sollte man sich einstellen?
- Welche Tipps aus der Praxis können die Durchführung des Unterrichts erleichtern?

Informatik zu unterrichten kann nervenaufreibend, aber auch sehr erfüllend sein. Einen Beitrag hierzu will das vorliegende Buch leisten.

Ein großer Dank geht an dieser Stelle an David Djaja, der wertvolle Anregungen zur Liste mit den Methoden und Aufgaben gegeben hat. Außerdem danke ich Dominik Höltgen, Clara Marie Kohlpoth, Kevin Stühm und Ali Yüklet für die vielen Ideen zu den Auswahlkriterien für hilfreiche Software.

1 Was ist „guter" Informatikunterricht – und was nicht?

In der Informatikdidaktik herrscht weitgehende Einigkeit darüber, womit sich gelungener Informatikunterricht beschäftigen und mit welchem Ziel er unterrichtet werden sollte. Diese Diskussion kommt unter anderem deswegen nicht immer an den Schulen an, weil dort die Trennlinie zwischen Informatikunterricht und Medienkunde nicht immer deutlich genug gezogen wird. Medienkunde, sofern sie als Fach unterrichtet wird, hat vor allem als Ziel, dass Schülerinnen und Schüler sicher mit als hilfreich oder notwendig erachteten Medien (Hard- und Software) umgehen können. Die Idee dabei ist häufig, dass die Lernenden in ihrem Lebens- oder Arbeitsumfeld bestimmter Hard- und Software begegnen werden und es die Aufgabe der Schule sei, einen verantwortungsvollen und kompetenten Umgang damit zu vermitteln. In der Praxis läuft das häufig auf eine Schulung eines Officepaketes mit Textverarbeitung, Tabellenkalkulation und Präsentationssoftware hinaus. Zweifellos stößt man als Neuling auf dem Arbeitsmarkt auf Unverständnis, wenn einfache Funktionen aus einem Officepaket nicht beherrscht werden. Da scheint es doch auch die Aufgabe der Schule – und hier vor allem des Informatikunterrichts – zu sein, die kompetente Nutzung zu vermitteln.

Hier hilft vielleicht die Veränderung des Blickwinkels. Ist es das Ziel des Musikunterrichts Berufsmusikerinnen oder das Ziel des Geschichtsunterrichts Historiker auszubilden? Dient der Sportunterricht dazu, Leistungssportlerinnen heranzuziehen oder sollen im Englischunterricht zukünftige Fremdsprachenkorrespondenten angelernt werden? Die meisten weiterführenden Schulen verstehen sich als allgemeinbildend und haben nicht die direkte Verwertung von schulischem Wissen für den Arbeitsmarkt zum Ziel, sondern die Erziehung zu selbstständigen, möglichst umfassend gebildeten jungen Menschen. Wenn diese dann auch noch Fähigkeiten und Fertigkeiten erworben haben, die im späteren Berufsleben nützlich sind, umso besser – das eigentliche Ziel des Unterrichts ist es aber sicher nicht. Warum sollte das im Informatikunterricht anders sein?

In den berufsbildenden Schulen wird man das freilich nicht ganz so sehen, weil die Schule ja gerade für einen bestimmten Beruf mit ausbildet; die Allgemeinbildung fällt aber selbstredend auch hier nicht unter den Tisch.

Selbstverständlich sollte die sichere Nutzung von Hard- und Software in der Schule trainiert werden – aber in jedem Fach. So fordert auch die

Kultusministerkonferenz, dass Kompetenzen, die Voraussetzung für eine aktive, selbstbestimmte Teilhaben in einer digitalen Welt sind, „integrativer Teil der Fachcurricula aller Fächer" (KMK, 2017, S. 12) sein sollen.

Wenn die allgemeinen Kompetenzen für die Nutzung von Medien Aufgabe aller Fächer sind, was ist dann der genuine Beitrag des Informatikunterrichts? Die Antworten der Fachdidaktik sind zahlreich, sie lassen sich aber grob in folgenden Aussagen zusammenfassen:

Informatik schult logisches Denken und die Fähigkeit, Probleme zu lösen. Anspruchsvolle Probleme werden gelöst, indem sie zunächst analysiert werden. Auf der Basis einer gründlichen Analyse können Lösungsstrategien entworfen und getestet werden. Um Strategien vergleichen zu können, müssen sie modelliert werden. Wenn die Modellierung gut und gründlich erfolgt ist, kann sie z. B. in ein Computerprogramm überführt (implementiert) werden.

Das lässt sich an einer Modellierung zur Abhebung von 50 Euro an einem Geldautomaten veranschaulichen:

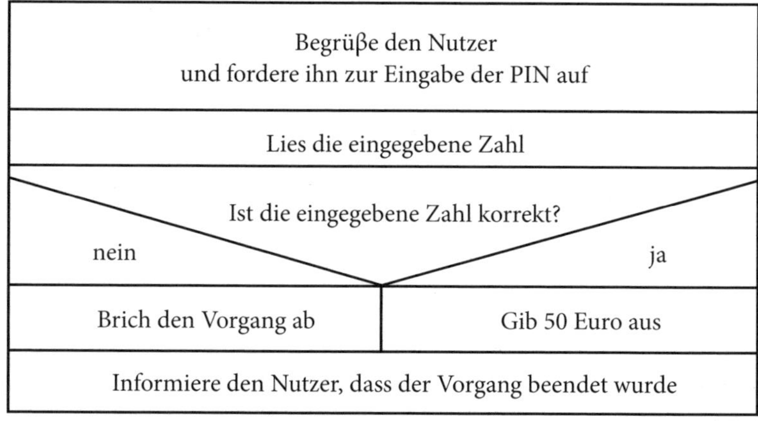

Beispiel für ein Struktogramm: In der Modellierung wird die Logik des späteren Programms vorweggenommen und auf Stimmigkeit überprüft. Die Programmierung ist dann nur noch ein „Übersetzen" in die Programmiersprache.

Tatsächlich kann diese Implementation als relativ einfaches Handwerk verstanden werden, weil es nur noch eine fast mechanische Übersetzung der zuvor modellierten Lösungsstrategie darstellt. Die Qualität der Lösungsstrategie zeigt sich also eher in der Modellierung als der Implementierung. Zu einer Aufgabenstellung direkt ein Programm schreiben zu wollen, zeichnet den Laien aus, eine gründliche Problemanalyse vorzunehmen, eine Modellierung zu entwerfen, die Strategien zu testen und zu prüfen, ob die Lösung für alle ähnlich gelagerten Probleme trägt und sie erst dann zu implementieren, lässt den Profi deutlich werden. Die Fähigkeit zur Problemanalyse und der Entwurf von Lösungsstrategien dürften zweifellos zu den Kernkompetenzen gehören, die junge Menschen für die Welt von Morgen erlernen müssen.

Im Detail lassen sich an zahlreichen Fertigkeiten, die Informatikerinnen und Informatiker benötigen, zeigen, welche bildende Funktion sie haben und welchen auch gesellschaftlichen Nutzen man aus deren Beherrschung ziehen kann. Die gelegentlich hektische Behandlung aktueller Probleme auch in der Politik spiegelt zumindest nicht die gründliche Auseinandersetzung mit Herausforderungen wider, wie sie im Informatikunterricht vermittelt werden können.

Aber was konkret kann man im Informatikunterricht lernen, was auf die Herausforderungen des Lebens vorbereitet?

Die Lösung von Problemen steht wie erwähnt im Zentrum. Dabei lassen sich aber noch andere Strategien und Fragestellungen entwickeln, z. B.

- In welchen Schritten lässt sich ein Problem lösen?
- Lassen sich Teilprobleme bestimmen? Falls ja, kann durch die Lösung aller Teilprobleme das Gesamtproblem gelöst werden?
- Auf welcher Abstraktionsebene lassen sich die Teilprobleme am einfachsten erkennen und lösen?
- Wenn sich ein Versuch als falsch herausgestellt hat, bis zu welchem Punkt muss man zurückgehen, um eine andere Strategie anzuwenden?
- Wie lassen sich bekannte Lösungen weiter optimieren? Gibt es ein Verfahren, das ein bekanntes Problem effizienter oder schneller oder eleganter löst?
- Welche schlimmstmöglichen Ergebnisse könnten sich ergeben und wie lassen sich diese vermeiden?
- Welche Alternativen müssen bedacht werden, und ist für jede Alternative klar, wie sie weiterentwickelt wird? (vgl. Wing, 2006, S. 33–35)

Es sollte deutlich geworden sein, welch wichtigen Beitrag guter Informatikunterricht an der Schule leisten kann. Aber durch welche Inhalte kann man dies erreichen? Will man nicht nur das abarbeiten, was das Fach oder der Lehrplan vorgeben, lässt sich gut auf Andreas Schwills Übersicht über die Fundamentalen Ideen der Informatik zurückgreifen. Von einem ähnlichen Konzept der Mathematik/Naturwissenschaft ausgehend entwarf er einen Kriterienkatalog, anhand dessen entschieden werden kann, ob ein

Gegenstand sinnvollerweise im Informatikunterricht behandelt werden kann. Schwill listet auf:

- **Horizontalkriterium**, d. h. der Gegenstand spielt in mehr als einem Teilbereich der Informatik eine Rolle. Wenn man sich nicht mit allen Teilgebieten der Informatik auskennt, sollte man zumindest sicherstellen, dass es unterschiedliche Anwendungsfelder für den Gegenstand gibt. Zu nennen wäre hier z. B. die Datenspeicherung, die im Bereich der Technischen und der Praktischen Informatik von Bedeutung ist und auch bei den Datenbanken thematisiert wird. Natürlich kann es Spaß machen, ein persönliches Steckenpferd mit den Lernenden zu besprechen, aber das Horizontalkriterium hilft dabei zu prüfen, wie relevant das Thema für das Fach insgesamt ist.
- **Vertikalkriterium**, d. h. das zugrundeliegende Konzept ist im Prinzip auf verschiedenen intellektuellen Niveaus vermittelbar. Es gibt beispielsweise komplexe Sortieralgorithmen, deren Konzept auch von Grundschüler/-innen verstanden werden kann. Vereinfacht gesagt: Was als Idee diesen nicht vermittelt werden kann, gehört vermutlich nicht in den Informatikunterricht. So dürften sehr junge Schülerinnen und Schüler den komplexen Aufbau eines QR-Codes kaum verstehen können, Codierung, also die Übertragung von Informationen in eine andere Darstellungsart anhand von „Geheimschriften", sehr wohl. Darauf sollte dann der Schwerpunkt gelegt werden. Wenn das Prinzip verstanden wurde, lassen sich auch anspruchsvollere Codiermethoden behandeln.
- **Zeitkriterium**, d. h. das Konzept ist schon in der Vergangenheit genutzt worden und aller Wahrscheinlichkeit nach auch noch in der Zukunft von Interesse. Die Nutzung eines konkreten Textverarbeitungsprogramms entspricht nicht dem Zeitkriterium, die Strukturierung von Texten aber schon.
- **Sinnkriterium**, d. h. das Konzept sollte sich nicht auf innerinformatische Diskurse beschränken. Es muss sich vielmehr mit der Lebenswirklichkeit der Schülerinnen und Schüler in Verbindung bringen lassen. Ein Programmierkurs, dessen Inhalte beliebig sind, wird einen Großteil der Schülerinnen und Schüler nicht erreichen. Aufgaben, die erkennbar Einfluss auf das Leben von Menschen, idealerweise auch das der Lernenden hat, sollte in seiner Sinnhaftigkeit eher überzeugen können.
- **Zielkriterium**, d. h. die Inhalte sind in der Vergangenheit optimiert worden und es besteht die Wahrscheinlichkeit und die Absicht, weitere Optimierungsmöglichkeiten zu finden. Zum Beispiel beschäftigt nicht nur Geheimdienste seit langem, wie sensible Inhalte verschlüsselt oder ent-

schlüsselt werden können. Die Möglichkeiten hierfür werden sicherlich auch noch in Zukunft weiter erforscht werden (vgl. Schwill, 2011, S. 64f.).

Stößt man auf ein interessantes informatisches Phänomen, das in den Unterricht aufgenommen werden könnte, lässt sich anhand der genannten Kriterien prüfen, ob dies fachdidaktisch sinnvoll erscheint. Natürlich kann man auch Inhalte behandeln, die nicht alle Kriterien entsprechen, der Katalog kann aber bei der Auswahl und Schwerpunktsetzung helfen.

Steht Tabellenkalkulation auf dem Lehrplan des Informatikunterrichts, hilft der genannte Kriterienkatalog z. B. dabei, nicht zu unterrichten, wo für welche Funktion geklickt werden muss oder mit welcher Tastenkombination sich eine Formatierungsmöglichkeit direkt aufrufen lässt. Wie Daten, die für die Schülerinnen und Schüler in irgendeiner Weise relevant sein können, gruppiert, ausgelesen, sortiert, aufbereitet, zusammengeführt und veranschaulicht werden und wie diese Prozesse ggf. optimiert werden können, entspricht aber weitgehend den genannten Kriterien.

Nicht vergessen sollte man ebenfalls die Auswirkungen der Digitalisierung auf Nutzende, Gesellschaft und Umwelt. Auf diesen Aspekt weist nicht zuletzt das Dagstuhl-Dreieck aus der „Dagstuhl-Erklärung – Bildung in der digital vernetzten Welt“ hin.

(Gesellschaft für Informatik e.V. 2016, S. 3)

Diese Fragestellungen wurden auch in der Hochschulinformatik lange Zeit eher als Randthemen betrachtet. Dass sie ihre Berechtigung im Schulunterricht haben, geht aber aus dem Bildungsauftrag der Schulen hervor. Einmal mehr sollte deutlich werden, dass es im Informatikunterricht nicht um die Vermittlung reinen Fachwissens – im schlechtesten Fall die reine

Vermittlung z. B. einer Programmiersprache – gehen kann. Schülerinnen und Schüler sollen zu verantwortungsbewussten und kompetenten Nutzer/-innen und Gestalter/-innen von Werkzeugen der zunehmend digitalisierten Welt werden.

Als brauchbare Richtschnur bei der Auswahl von Inhalten für den Informatikunterricht kann also die Frage dienen: „Was will ich eigentlich beibringen?" Die zweite Frage könnte sein: „Ist das, was ich eigentlich vermitteln will, vergleichsweise einfach mit dem gewählten Gegenstand zu erreichen?" Wenn sich beide Fragen nicht befriedigend beantworten lassen, lohnt sich ernsthaft zu prüfen, ob nicht anders geplant werden sollte.

Kernlehrpläne können der Lehrperson diese Denkarbeit abnehmen, aber Unterricht lässt sich vermutlich erfolgreicher und souveräner planen, wenn vorher geklärt wurde, was warum gelehrt wird.

Rahmenbedingungen für den Informatikunterricht

2

2.1 Lehrpersonen

Der großen Nachfrage nach dem Fach Informatik an der Schule steht nur eine geringe Anzahl ausgebildeter Informatiklehrender gegenüber. In vielen Fällen wird der Informatikunterricht fachfremd unterrichtet. Ansprechpartner/-innen hierfür sind häufig Mathematik- und Physiklehrerinnen und -lehrer, weil hier eine Affinität zum Fach vermutet wird. Die gibt es in Teilbereichen auch. Die Technische Informatik weist eine Nähe zum Physikunterricht auf, die zum Teil angestellten Berechnungen zeigen eine Nähe zum Mathematikunterricht. Informatik ist aber viel mehr als Berechnungen anzustellen oder zu klären, wie technische Geräte („Artefakte") funktionieren. So kann beim Erlernen einer Programmiersprache auf die Regelhaftigkeit von Grammatiken von Sprachen Bezug genommen werden, der Politikunterricht kann die gesellschaftlichen Auswirkungen des Umgangs mit Informatiksystemen beleuchten, der Biologieunterricht die Codierung der DNA mit der Codierung von Informationen vergleichen oder der Deutschunterricht die Art der Informationsvermittlung und deren Optimierung behandeln – all das sind sinnvolle und wichtige Themen des Informatikunterrichts. Die Expertise auch in Fächern, die nicht dem MINT-Bereich zuzuordnen sind, kann und sollte genutzt werden. Das dürfte auch einigen Schülerinnen und Schülern zugutekommen, die an Informatik interessiert sind, deren Noten aber z. B. in Mathematik nicht die besten sind.

Gleichwohl muss eine sinnvolle Qualifizierung die Unterrichtstätigkeit begleiten. Sollten keine passenden Fortbildungsangebote in Schulnähe zu finden sein, muss hilfreiche Literatur zurate gezogen werden. Empfehlungen dazu finden sich im Anhang dieses Buches. Oft noch schneller und einfacher ist die Vernetzung mit Kolleginnen und Kollegen, die ebenfalls Informatik unterrichten. Da Informatiklehrkräfte an vielen Schulen Einzelkämpfer/-innen sind, profitieren beide Seiten von einer Vernetzung auch über Schulgrenzen hinweg.

2.2 Lehrpläne

Wie Informatikunterricht erteilt werden kann und soll, unterscheidet sich in den Bundesländern zum Teil deutlich. Als AG ist es wohl überall möglich. Dann unterliegt es den geringsten Beschränkungen, da es in aller Regel keine Vorgaben zu den Inhalten gibt. Schülerinnen und Schüler wählen eine

AG an und nehmen gewöhnlich freiwillig daran teil. Eine relativ hohe Motivation kann also bei den meisten Teilnehmenden angenommen werden, vorausgesetzt die Beschreibung der Inhalte war konkret genug. Ob es sich dann auch immer um „Informatik“ im strengen Sinne handelt, ist vielleicht nicht ganz klar, für die Teilnehmenden und die anbietende Lehrperson aber auch nicht entscheidend, da das Angebot ja auf Freiwilligkeit basiert. Typische Beispiele für sogenannte Informatik-AGs sind eine Robotik-AG, eine Einführung in die Programmierung oder die Arbeit mit einem technischen Artefakt, z. B. einer programmierbaren Platine. Da es bei einer AG aber nicht um Informatikunterricht im eigentlichen Sinne geht und viel vom Vorwissen und den Interessen der anbietenden Lehrperson abhängt, lässt sich zu den Ausformungen des Angebots an dieser Stelle wenig sagen

Häufig wird Informatik in einem Wahlpflichtbereich der Sekundarstufe I angeboten. Auch hier kommen Schülerinnen und Schüler zusammen, die Interesse am Fach haben. Natürlich gibt es auch solche, denen Informatik noch als die am wenigsten unattraktive Wahl erscheint, die aber trotzdem keine ausgeprägte Neigung für das Fach selbst aufweisen. Die Mehrheit wird aber vermutlich mit Interesse und Neugier teilnehmen. Je nachdem wie streng die Vorgaben auch für den Wahlpflichtbereich sind, kann die Lehrperson die Inhalte an die Lerngruppe anpassen, kommt aber nicht umhin, die Inhalte des Lehrplans zu behandeln. Sollten Vorgaben eines landesweiten Lehrplans fehlen, bieten die Empfehlungen der Gesellschaft der Informatik (GI) einen sehr gelungenen Katalog an sinnvoll zu behandelnden Themen. Die GI hat Empfehlungen für die gesamte SEK I (vgl. Brinda et al., 2008), die SEK II (vgl. Brinda, et al., 2016) und den Primarbereich (vgl. Best et al., 2019) veröffentlicht und diese so aufbereitet, dass keine „Computerkunde“ oder Anwenderschulung für Softwarepakete erfolgt. Vielmehr sollen Kompetenzen zeit- und softwareunabhängig vermittelt werden. Die Empfehlungen geben auch den Laien eine gute Orientierung über mögliche Themen und zum Teil auch Material, mit dem guter Informatikunterricht erteilt werden kann. Die Qualität der Ausführungen hat dann auch dazu geführt, dass sich zahlreiche Bundesländer mehr oder weniger deutlich an den Empfehlungen der GI für die eigenen Lehrpläne orientiert haben.

Wird Informatikunterricht in der Oberstufe angeboten, sind die Rahmenbedingungen in aller Regel geklärt. Wenn Informatik als Abiturfach gewählt werden kann, sind zu behandelnde Inhalte meist auch wegen zentraler Abituraufgaben festgelegt. Dem Neuling im Fach bietet dies eine klare Orientierung, erfahrenere Kolleginnen und Kollegen fühlen sich gelegentlich eingeengt, weil sich die Wahl einer bestimmten Programmiersprache oder eines gründlich zu behandelnden Themas nicht immer erschließt und kaum Zeit für andere, vielleicht interessantere und aktuellere Themen bleibt.

2.3 Technik

Informatik lässt sich zwar auch ohne Informatiksysteme („Computer") unterrichten, auf Dauer wird man aber auch immer wieder, teilweise sogar sehr oft mit Informatiksystemen arbeiten.

Es gibt mittlerweile eine Vielzahl an gut ausgearbeiteten Materialien, die Informatikkenntnisse ohne Nutzung eines Computers vermitteln können. Sie versammeln sich häufig unter der Bezeichnung *Computer Science unplugged* oder *Informatik ohne Strom*. Wenn man aber mit technischem Gerät arbeiten will, stehen unterschiedliche Möglichkeiten zur Auswahl.

2.3.1 Tablet

Die Vorteile von Tablets liegen auf der Hand, sie sind leicht und mobil und können so auch in einen Klassen- oder Kursraum gebracht werden. Sie sind oft groß genug, dass auch Details gut zu erkennen sind. Die Mausbedienung lässt sich in vielen Bereichen durch Berührungen auf dem Bildschirm nachbilden, auch Texteingaben sind mit einer virtuellen Tastatur möglich. Außerdem hat sich die Versorgung mit Software für Tabletbetriebssysteme sehr verbessert, auch im schulischen Bereich. Häufig wird man den Browser nutzen können, um interaktive Lernseiten aufzurufen. Je nach Hardware liegt ihr Preis unter dem von Desktoprechnern. Zudem sind viele Schülerinnen und Schüler schon an den Umgang mit Tablets durch die Nutzung eigener Geräte oder Smartphones mit ähnlichem Betriebssystem gewöhnt.

Zu den Nachteilen gehört, dass die Mobilität eine zentrale Organisation des Aufladens aller Geräte nötig macht. Mittlerweile gibt es abschließbare Ladestationen, in denen die einzelnen Geräte schnell angeschlossen werden können. Dies setzt eine gewisse Disziplin auch unter den Kolleginnen und Kollegen voraus. Diese ist auch vonnöten, um Beschädigungen und vielleicht sogar Diebstahl zeitnah entdecken und ahnden zu können. Mobilität ist auch nur dann möglich, wenn die Lehrperson Hilfe beim Tragen der Geräte hat, denn bei mehr als zehn Tablets wird der Transport schnell schwierig. Ohne Tastatur und Maus werden Programmieraufgaben ab der Mittelstufe zu immer größeren Herausforderungen. Für anspruchsvollere Programmieraufgaben sind Tablets dann auch in aller Regel ungeeignet; auf Dauer zeigt sich hier die Begrenztheit einer virtuellen Tastatur. Visuelle Programmierumgebungen lassen sich komfortabler bedienen, wenn der Bildschirm entsprechend größer ist. Viele bewährte Programme für den

Informatikunterricht sind noch nicht an die Betriebssysteme von Tablets angepasst. Professionelle Programmierwerkzeuge finden sich so gut wie gar nicht in den App-Stores. Außerdem benötigen viele Apps einen Internetzugang, der mobil fast nur über WLAN gewährleistet werden kann.

2.3.2 Desktoprechner („Computer")

Viele der genannten Nachteile der Tablets machen Desktoprechner wett. Hier ist mit einmal eingerichteter Hardware eine ständige Stromversorgung und in der Regel ein verlässlicher Internetzugang eingerichtet. Diebstahl oder unachtsames Fallenlassen sind noch möglich, aber weniger wahrscheinlich als bei kleineren Geräten.

Da Computer (und häufig auch Laptops) zentral in einem Netzwerk verwaltet werden, ist der Zugriff auf einzelne Schülerrechner leichter möglich. Schülerergebnisse auf dem Desktop können mit entsprechender Software für alle gespiegelt oder projiziert und zur Grundlage einer Diskussion zur Optimierung werden. Möglich ist dann auch das zeitweilige Ausschalten von Monitoren oder das Kappen der Internetverbindung, um das Ablenkungspotenzial der Technik zumindest zeitweise zu reduzieren.

Der offensichtliche Nachteil ist, dass ein eigener Raum gebraucht wird, zu dem sich die Klasse oder der Kurs bewegen muss. Diesen Raum teilt sich die Informatik gelegentlich mit anderen Fächern.

Auch im Computerraum ist Disziplin nötig, um Fehlfunktionen oder Defekte zu erkennen und diese beheben zu können. Die Modularität von Computern ist Vor- und Nachteil zugleich: Es gibt viel mehr Komponenten, die kaputtgehen können (Tastatur – hier vor allem einzelne Tasten, Maus, Monitor und diverse Kabel); diese können dann aber auch einzeln ausgetauscht werden, was bei einem Komplettsystem nur schwer möglich ist und immer eine Reparatur des gesamten Gerätes notwendig macht. Beim Computer kann nach z. B. einem notwendigen Wechsel der Tastatur direkt weitergearbeitet werden. Auch beim Preis ist nicht klar zu benennen, welches System billiger ist, da es bei Tablets, Laptops und Desktoprechnern große Preisunterschiede gibt.

Wichtig ist außerdem zu bedenken, wie die Wartung organisiert werden kann. An der Schule muss es jemanden geben, der bei Fehlfunktionen prüfen kann, ob ein Kabel locker sitzt oder ein Update notwendig ist. Die Serverwartung, den Internetzugang und komplexere Reparaturen sollte man an den Schulträger auslagern können. Informatiklehrerinnen und -lehrer sind keine Hausmeister/-innen für technisches Gerät. Auch der Physiklehrer wird nicht gerufen, wenn in einem Klassenraum eine Deckenleuchte ausfällt. Zu dieser Erkenntnis sind allerdings noch nicht alle Schulleitungen und Schulträger durchgedrungen.

2.3.3 Laptop

Ein Kompromiss scheint die Anschaffung von Laptops zu sein. Mit einer Tastatur, einer Maus oder einem Touchpad können viele Programme leichter gesteuert werden. Wenn die Geräte einen berührungsempfindlichen Bildschirm mitbringen, wird zwar nicht unbedingt eine Maus gebraucht, allerdings ist die visuelle Programmierung mit einer Maus bei umfangreicheren Programmen deutlich komfortabler. Ältere Schülerinnen und Schüler werden für anspruchsvollere Arbeiten am Gerät ohnehin auf eine Maus zugreifen wollen.

Die Größe und die Verkabelung der Laptops erschweren den Diebstahl oder die „Ausleihe" zumindest etwas. Allerdings nimmt man auch einige Nachteile in Kauf. Man wird, ähnlich wie bei Computern einen vorbereiteten Raum benötigen. Zwar sind Laptops mobiler als Desktoprechner, aber immer noch zu schwer, um sie spontan mit in einen beliebigen Klassenraum nehmen zu können. Außerdem legt der zumindest zeitweise nötige Anschluss an ein Netzteil die Nähe zu einem Schrank nahe, in dem alle Geräte geladen werden können. Wenn Maus und Netzwerkkabel permanent angeschlossen sind, verlieren Laptops weitere Vorteile.

Zu bedenken ist auch, dass bei Computern defekte Komponenten in aller Regel leichter ausgetauscht werden können als bei Laptops. Vor einer Entscheidung empfiehlt sich der Kontakt mit dem Schulträger, um zu klären, wer bei einem Defekt von Geräten oder Komponenten verantwortlich ist. Die Wartung der Technik verschlingt viel Zeit, die dann für eine solide Vorbereitung des Unterrichts nicht mehr zur Verfügung steht.

2.3.4 Alternativen

Eine interessante Alternative ist seit einigen Jahren mit Minicomputern wie dem Raspberry Pi möglich. Dieser ist ein Computer im Kleinen, wenig größer als eine Scheckkarte, bringt aber Monitor- und Tastaturanschluss und mit einer SD-Karte auch einen Ersatz für eine Festplatte mit. Auf dieser kann ein fertiges kostenloses Betriebssystem installiert werden, das zum Teil schon typische Software für den Informatikunterricht mitbringt. Außerdem ist er WLAN-fähig und deutlich billiger als ein „normaler" Computer. Ein Computerraum wird dennoch gebraucht, da Monitor und Tastatur am besten in einem Raum verbleiben; außerdem wird für die Stromversorgung eine Verkabelung benötigt, die am besten stationär einzurichten ist.

2.4 Räume

Guter Informatikunterricht ist nicht auf einen Computerraum angewiesen, wird aber immer wieder dort stattfinden. Wie erwähnt gibt es vielfältige Möglichkeiten z. B. mit Tablets im Klassenraum zu arbeiten, je anspruchsvoller aber etwa Programmierarbeiten werden, umso eher wird man mit einer Tastatur und einer Maus arbeiten wollen. Wie kann ein Informatikraum zielführend eingerichtet werden?

Sollte es schon einen nutzbaren Computerraum an der Schule geben, wird man auch in diesem arbeiten. Sollte ein Raum für den Informatikunterricht eingerichtet werden, stehen die unterschiedlichsten Möglichkeiten zur Wahl. Da die Gestaltung des Raumes einen nicht zu unterschätzenden Einfluss auf die Art von Unterricht hat, der dort stattfinden wird, sollten die Entscheidungen wohlüberlegt getroffen werden. Der Einfluss des Raums auf den Unterricht ist zwar nicht zwingend, eine bestimmte Einrichtung legt aber häufig eine bestimmte Art von Unterricht nahe oder erschwert andere Unterrichtsformen.

Im Folgenden werden einige typische Einrichtungsvarianten mit ihren Vor- und Nachteilen vorgestellt.

2.4.1 Informatiksysteme in Reihen

Häufig anzutreffen ist die „Busform", d. h. die Schülerinnen und Schüler sitzen in Reihen nebeneinander, der Blick ist nach vorne zum Pult ausgerichtet.

Konsequenzen: Ideal für Phasen der Instruktion im Frontalunterricht. Die Ausrichtung nach vorne erleichtert es, den Erklärungen der Lehrperson oder referierender Schülerinnen und Schüler zuzuhören. Alle Lernenden haben in der Regel einen guten Blick auf Tafel oder Projektionsfläche. Allerdings wird Gruppenarbeit häufig erschwert. Wenn der Abstand nicht zu groß ist, kann mit Partner/-innen aus der gleichen Reihe gearbeitet werden.

Cornelsen/Antje Kahl

Die Ausrichtung nach vorne verleitet die Lehrperson dazu, die Position am Lehrerpult eher selten zu verlassen, da von hier aus ggf. auch am einfachsten die Technik bedient werden kann. Die Wahrscheinlichkeit für einen eher dozierenden Unterricht ist erhöht.

Maßnahmen: Als Lehrperson sollten Sie das Pult verlassen, wenn es möglich ist. Ein idealer Platz, um zu beobachten ist die rückseitige Wand. Von hier aus ergeben sich oft erhellende Einblicke auf Schülermonitore. Häufig sollten Sie auch bewusst die Kommunikation mit einzelnen Schülerinnen und Schülern suchen. Es ist empfehlenswert, zu prüfen, inwiefern diese Einrichtung dennoch kooperatives Arbeiten ermöglicht und dieses bewusst einzuplanen.

2.4.2 Informatiksysteme an drei von vier Wänden

Häufig empfohlen ist eine Anordnung der Rechner an der Wand. Das Pult ist an der vierten Wand untergebracht.

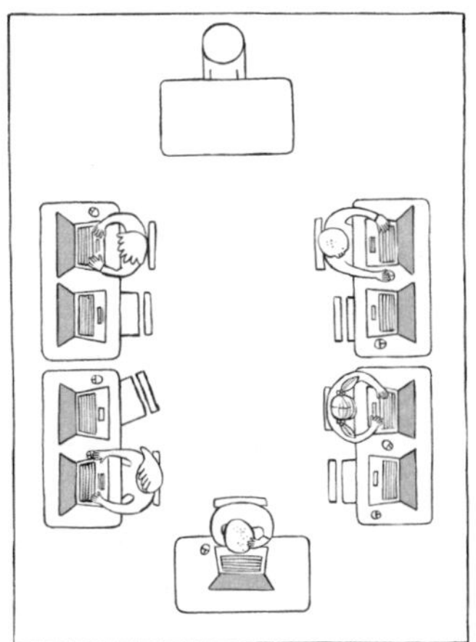

Cornelsen/Antje Kahl

Konsequenzen: Die Lehrperson hat die meisten Schülermonitore im Blick. Das Bewusstsein um diese Tatsache kann die Disziplin erhöhen. Da hinter den Stühlen Platz ist, wird Partnerarbeit und evtl. auch Gruppenarbeit nicht behindert. Wenn sich in der Raummitte ausreichend Tische und Stühle aufstellen lassen, ist eine Trennung von Denk- und Rechnerarbeit möglich – die Ablenkung durch die Informatiksysteme ist vermutlich auch geringer.

Schülerinnen und Schüler, die vom Pult aus gesehen an der gegenüberliegenden Wand arbeiten, müssen sich vollständig umdrehen, um Anweisungen und Präsentationen verfolgen zu können – was oft ungern, nur teilweise und kurzzeitig geschieht.

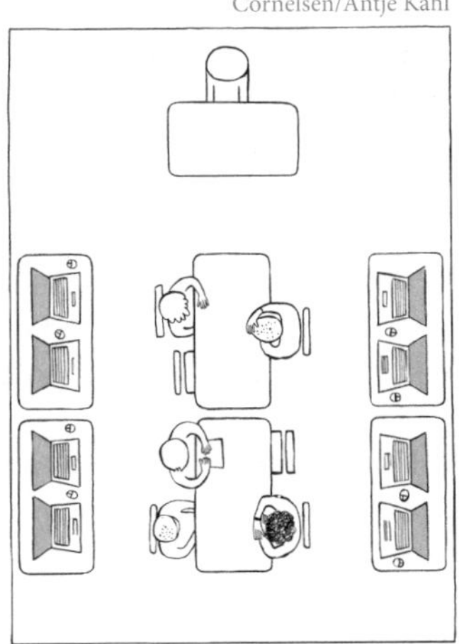

Cornelsen/Antje Kahl

Maßnahmen: Trennen Sie Denk- und Rechnerarbeit. Klare Signale und Regeln helfen bei der Organisation und dem Wechsel der Phasen. Das gilt besonders für Phasen des Unterrichtsgesprächs, bei dem sich vor allem die Schülerinnen und Schüler gegenüber vom Pult dauerhaft umdrehen sollen. So trivial das klingt: Hier hilft eine Verpflichtung, die Finger von Maus und Tastatur zu lassen und die Knie Richtung Pult auszurichten, und erst mit dem Unterrichtsgespräch zu beginnen, wenn das alle tun.

2.4.3 Computerinseln

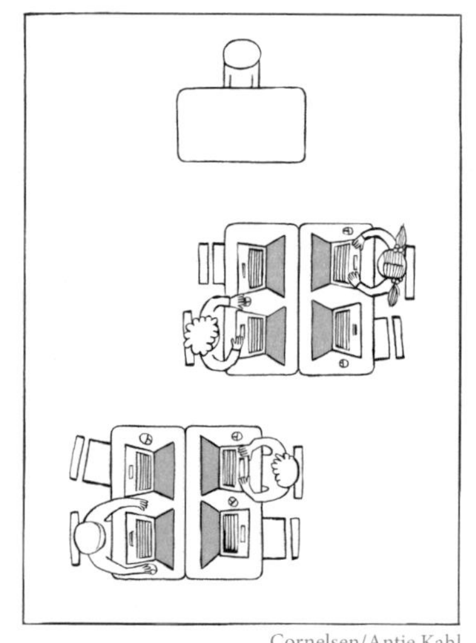

Cornelsen/Antje Kahl

Einen modernen Eindruck erwecken Insellösungen, bei denen beispielsweise vier bis sechs Rechner an einer wie ein Gruppentisch aufgestellten Sitzgruppe angeordnet sind. Diese „Inseln" sind im Raum verteilt.

Konsequenzen: Ein Arbeiten in Gruppen wird durch diese Aufteilung schon nahegelegt – vorausgesetzt die Rechner sind klein und die Monitore flexibel genug, ein Gespräch nicht zu behindern. Partnerarbeit sollte sich gut machen lassen. Inwiefern Gruppenarbeit möglich ist, hängt davon ab, wie gut sich „über Eck" arbeiten lässt.

Da die klare Ausrichtung auf ein Pult fehlt, ist die Lehrperson eher aufgefordert, sich im Raum zu bewegen und das Gespräch mit einzelnen Schülerinnen und Schülern zu suchen. Die Architektur legt eher Moderation als Instruktion nahe.

Ähnlich wie bei der Anordnung der Rechner an der Wand sitzen einige Schülerinnen und Schüler seitlich oder mit dem Rücken zu der Person, die gerade spricht. Das kann anstrengend werden.

Wichtig bei dieser Einrichtung ist es auch, sicherzustellen, dass die Verkabelung nicht im Weg ist. So dürfen Kabel aus Sicherheitsgründen nicht durch den Raum verlegt werden, eine Zuführung über die Decke ist aber möglich.

Maßnahmen: Planen Sie Arbeitsformen so, dass sie sich leicht umsetzen lassen. Mit Routine kann man auch schnell die Sitzordnung für andere Sozialformen anpassen – dafür muss aber eine „Trainingszeit" eingeplant werden. Wenn die Aufmerksamkeit über einen längeren Zeitraum in eine

Richtung gelenkt werden soll, sollten sich die Lernenden entsprechend setzen. Damit lässt sich Unruhe über unbequemes Sitzen oder die Körperausrichtung vermeiden.

Da die Ausrichtung auf das Pult aufgegeben wird, ist es besonders wichtig, dass Sie sich häufiger im Raum bewegen. Einerseits wird Ihre Ansprechbarkeit dadurch erhöht, andererseits können Sie so am besten und einfachsten prüfen, wie die Lernenden mit gestellten Aufgaben zurechtkommen.

Sollte sich besser arbeiten lassen, wenn die Schülerinnen und Schüler Monitor oder Tastatur beiseiteschieben, sollten Sie auch dafür Zeit für Instruktion und Übung einplanen. Der hier investierte Aufwand zahlt sich langfristig aus.

Natürlich sind noch andere Einrichtungsoptionen des Informatikraums und Mischformen möglich.

2.5 Die Schülerinnen und Schüler

2.5.1 Entwicklungspsychologische Voraussetzungen

Um den Informatikunterricht an die Lernenden anpassen zu können, sollten zwei Konzepte der Entwicklungspsychologie in Ansätzen bekannt sein. Referiert werden sollen hier nur zwei grundlegende, hilfreiche Theorien. Da mit allgemeinen Theorien nie die Vielfalt in den Klassen und Kursen abgedeckt werden können, sollten diese auch eher als Orientierungspunkte als als klare Empfehlungen dienen.

Ausgesprochen wichtig für die Anpassung der Unterrichtsgegenstände an die Lerngruppe ist die Unterrichtstheorie von Jerome Bruner. Da dieser auf dem Konzept von Jean Piaget aufbaut, sei dieses hier noch einmal kurz skizziert, obwohl es vermutlich bekannt ist.

Jean Piaget

Piaget vertrat die Ansicht, dass sich die kindliche kognitive Entwicklung in Stufen vollzieht. Diese bauen zwingend aufeinander auf und können grob einem Alter zugeordnet werden. Diese Stufen sind

- sensomotorisch (bis zum Alter von 2 Jahren),
- präoperational (bis zum Alter von 7 Jahren),

Shutterstock.com/Natata

- die Stufe konkreter Operationen (bis 11 oder 12 Jahre)
- die Stufe der formalen Operationen (Beginn im Zeitfenster von 11 bis 15 Jahren)

Im sensomotorischen Stadium ist das Kind darauf angewiesen, sich die Welt über die Sinne zu erschließen. Die Sprache steht als Schlüssel zum Verständnis der Welt noch nicht zur Verfügung.

In der präoperationalen Stufe kann das Kind Erfahrungen und Sprache zusammenbringen und erste Konzepte der Welt entwickeln. Diese sind aber von den Erfahrungen kaum zu trennen. Eine beobachtete Katze wird z. B. mit einer anderen Katze gleichgesetzt, weil das allgemeine Konzept Katze noch nicht verfestigt ist.

Berühmt ist ein Experiment, das verdeutlicht, wie wenig Kinder auf dieser Stufe in der Lage sind, von Beobachtetem zu abstrahieren, sich also von der konkreten Erfahrung zu lösen:

Cornelsen/Antje Kahl

Vor den Augen eines Kindes wird eine Flüssigkeit aus einem breiten Glas in ein schmales, höheres Glas geschüttet. Das Kind sieht also, dass die Menge an Flüssigkeit sich nicht verändert. Gleichwohl ist es überzeugt, dass in dem hohen Glas mehr Flüssigkeit vorhanden ist, weil der Pegel ja offensichtlich höher steht. Das Kind lässt sich also von der Beobachtung bestimmen und ist noch nicht in der Lage, ausschließlich der Logik zu folgen.

Dies ist ab der Phase der konkreten Operationen möglich. Nun ist das Kind in der Lage, regelbasiert zu denken und zu schlussfolgern. Obwohl es sieht, dass der Pegelstand im schmalen Glas höher ist, kann es folgern, dass in beiden Gläsern gleich viel Flüssigkeit gewesen sein muss – selbst wenn es einen anderen Anschein erweckt. Es wäre auch in der Lage zu folgern, dass die Menge gleich sein kann, weil es erkannt hat, dass in schmalen Gläsern der Pegel höher steigt als in breiten. Wichtig ist, dass diese Erkenntnisse an gemachte Erfahrungen geknüpft sind; das Kind ist zwar in der Lage, gelernte Regeln zu übertragen, aber nicht, diese zu erschließen, wenn die Erfahrung oder eine leicht abzurufende Vorstellung dazu fehlt.

Die letzte Phase, die der formalen Operationen, zeichnet sich durch die Fähigkeit aus, Hypothesen zu bilden. Diese müssen nicht mehr an konkrete Erfahrungen oder erlernte Regeln gebunden sein. Es genügt, entwickelte Konzepte durchzuspielen. Dies versetzt Lernende auch in die Lage, Hypothesen aufzustellen, die sie überprüfen, annehmen oder verwerfen können. Ein Kind auf der Stufe der konkreten Operationen dürfte also mit Fragen wie „Was wäre, wenn…" eher antworten „So ist es aber nicht!" und es damit gut sein lassen, während auf der Stufe der formalen Operationen Hypothesen genau wie Erfahrungen behandelt werden können.

Gerade die Alterseinteilung Piagets hat einige Kritik erfahren, auch der Eindruck, dass eine Stufe plötzlich und auf einmal erreicht wird, wird heute nicht mehr vertreten (vgl. Lefrançois 2015, S. 239f.). Hier hat es einige Ausdifferenzierungen gegeben. Die Reihenfolge allerdings und die Theorie, dass in höheren Stufen auf die vorangegangenen zurückgegriffen werden kann, erscheint heute so selbstverständlich, dass sie auch nicht mehr infrage gestellt wird.

Konsequenzen für den Unterricht: Piagets Stufentheorie mag in Details kritisiert worden sein, sie hilft aber, wenn Verständnisprobleme beim Vermitteln von Wissen nicht auf intellektuelle Defizite, sondern auf die Entwicklung der Lernenden zurückgeführt werden können. Für den Informatikunterricht sind besonders die Ebenen der konkreten und der formalen Operationen wichtig. Wenn schon in der Grundschule informatische Inhalte besprochen werden, muss dies so handlungsorientiert wie möglich geschehen. Eine Verallgemeinerung kann nur in Ansätzen erfolgen. Wird in den Jahrgangsstufen 5/6 Informatik unterrichtet, muss ebenfalls so anschaulich und konkret wie möglich gearbeitet werden. Regeln und Konzepte können von vielen, aber noch nicht von allen Lernenden verstanden werden. Das Konzept der Schleife ist auch jüngeren Kindern vermittelbar, eine Übersicht über unterschiedliche Schleifentypen (kopf-/fußgesteuert oder Zählschleife) kann Gemeinsamkeiten kenntlich machen. Beispiele können Nutzungsszenarien veranschaulichen; aber nicht alle Schülerinnen und Schüler werden das Konzept an sich auf Anhieb verstehen. Es muss also so anschaulich und konkret wie möglich gearbeitet werden. Systematisierende Tafelanschriebe oder sonstige Sicherungen können darin unterstützen, in der Stufe der konkreten Operationen Sicherheit zu gewinnen.

In der gesamten Sekundarstufe I wird es Schülerinnen und Schüler geben, die Hilfe bei diesem Vordringen in die Stufe formaler Operationen benötigen. Um es klar zu sagen: Es handelt sich bei den auftretenden Schwierigkeiten nicht notwendigerweise um intellektuelle Defizite. Zunächst muss geprüft werden, ob die Schüler/-innen in ihrer Entwicklung schon so weit vorangeschritten sind, dass sie problemlos formale Operationen nachvollziehen können oder ob sie angepasstes Material oder auf sie zugeschnittene Erklärungen benötigen. Hier ist die Lehrkraft auf eine sorgfältige Analyse der auftretenden Schwierigkeiten und der Lernenden angewiesen.

Jerome Bruner

Jerome Bruner gehört wie Jean Piaget zu den Kognitionspsychologen. Wie dieser setzt er voraus, dass neue Konzepte immer auf der Basis zuvor erlangten Wissens entwickelt werden. Die Überzeugung, dass Lernen im Grunde die Verarbeitung von Informationen ist, rückt Lernende als Gestalter des Lernprozesses in den Vordergrund – anders als etwa im Behaviourismus. In vielen Aspekten seiner Theorie findet sich der Bezug zu Piagets Thesen wieder.

In einem schon 1964 veröffentlichten Beitrag (vgl. Bruner 1964, S. 1ff) stellt Bruner eine Verbindung zwischen der Entwicklung der Menschheit und der des Kindes her: Menschen entwickelten sich weiter, indem sie zunächst konkrete Erfahrungen gemacht hätten. Erfahrungen führten zum Erlernen, und Handlungen konnten reproduziert werden. Daran habe sich eine Stufe der bildhaften Darstellung angeschlossen. Mit z. B. Höhlenmalereien oder Zeichnungen im Sand sei die Vermittlung von Wissen ohne die vorangehende Erfahrung möglich gewesen. Schließlich habe sich die Stufe der symbolischen Repräsentation angeschlossen, deren einfachstes Beispiel die Sprache ist, in der es in den meisten Fällen keinen zwingenden Zusammenhang zwischen Wort und Bedeutung gebe. Mithilfe der Sprache konnte nun erlangtes Wissen auf einer abstrakten Ebene vermittelt werden. Dass die Abfolge in der Jahrtausende andauernden Entwicklung der Menschheit nicht abrupt erfolgte, versteht sich von selbst. Dass sie prinzipiell so verlaufen sein dürfte, sollte aber nachvollziehbar sein.

Wie erwähnt ist die Besonderheit an der Theorie Bruners, dass er diese Entwicklung der Menschheit auf die Entwicklung des Kindes überträgt. Das Kind sei im Lernprozess zunächst auf konkrete Erfahrungen angewiesen. Diese könnten in einem späteren Entwicklungsstand auch mittels bildlicher Darstellung vermittelt werden und bei älteren Kindern, Jugendlichen und Erwachsenen auch auf symbolischer Ebene stattfinden. Wichtig ist aber, dass die Vermittlung von Wissen nie ohne Sicherheit in der vorangegangenen Stufen möglich sei. So wie Newton die Formel für die Gravitation erst anhand einer konkreten Erfahrung entwickelt haben soll, so ist es nach Bruner nicht möglich, das Gravitationsgesetz zu verstehen, ohne auch unbewusst ein entsprechendes Bild vor dem inneren Auge abzurufen oder noch besser entsprechende Erfahrungen mit fallenden Gegenständen gemacht zu haben. Wissen auf einer abstrakten Ebene setzt also immer Wissen auf einer anschaulichen, besser noch auf einer konkreten Ebene voraus. Oft genügt für die Anschauung eine bildhafte Darstellung wie eine

Zeichnung, ein Foto oder ein Filmausschnitt. Diese sind aber nur dann nützlich, wenn sie an gemachte Erfahrungen andocken können.

Nach Bruner wird dies das EIS-Prinzip genannt. Das Lernen vollzieht sich in den Stufen der direkten Auseinandersetzung und dem Machen von Erfahrungen **e**naktiv. Es kann **i**konisch (also bildlich) dargestellt und auf **s**ymbolsicher Ebene als Text oder Formel repräsentiert werden.

Konsequenzen für den Unterricht: Viele Konzepte der Informatik erschließen sich den Lernenden nicht intuitiv. Schwierigkeiten sind insbesondere dann zu erwarten, wenn zu behandelnde Inhalte nicht an Erfahrungen geknüpft oder über veranschaulichende Bilder vermittelt werden können. Wenn ein Sortieralgorithmus in einer noch nicht sicher beherrschten Programmiersprache erläutert wird, ist es kein Wunder, wenn Schülerinnen und Schüler nicht folgen können. Anschaulicher ist dann z.B. die Vermittlung über einen Film, in dem anhand des entsprechenden Algorithmus sortiert wird. Wenn auch das nicht bei allen für ein Verständnis sorgt, sollten die Schülerinnen und Schüler selbst aktiv werden, z.B. mit Spielkarten, die nach bestimmten Regeln in eine festgelegte Reihenfolge zu bringen sind. Ist diese Erfahrung gemacht, kann sie mit einer Zeichnung veranschaulicht, über eine Modellierung formalisiert und dann in die abstrakte Form der Programmiersprache übertragen werden. Auf jeder dieser Stufen ist bei Unklarheiten ein Rückgriff auf die „darunter liegende“ Stufe möglich. Einige Schülerinnen und Schüler werden nicht alle diese Stufen benötigen, nach Bruner greifen sie aber auch auf diese zurück.

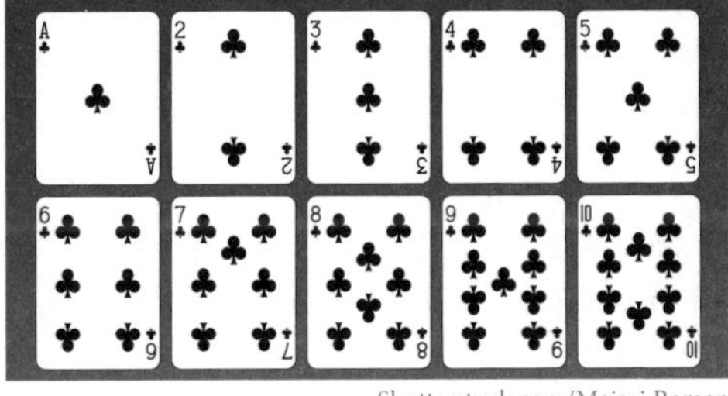

Shutterstock.com/Maisei Raman

Zusammenfassend lässt sich empfehlen, dass bei auftretenden Schwierigkeiten mindestens eine niedrigere Ebene der Anschaulichkeit vorgeschaltet werden sollte. Je besser die Lerngruppe bekannt ist, umso genauer lässt sich schon im Vorfeld abschätzen, mit welchem Grad der Veranschaulichung man neue Konzepte einführen sollte. Die Bereitstellung von Hilfen und differenzierenden Maßnahmen sollte sich ebenfalls an diesem Aufbau orientieren.

2.5.2 Typische (?) Schülerinnen und Schüler im Informatikunterricht

Es ist eine Binsenweisheit, dass die Schülerschaft ausgesprochen heterogen ist. Das ist ein weiterer Grund, weswegen das Gießkannenprinzip der Didaktik (alle lernen das gleiche im gleichen Tempo im selben Raum auf die gleiche Art und Weise) keine Lösung mehr sein kann. So trivial es klingt: Der Unterricht muss sich an die Lernenden anpassen. Dafür ist eine Grundvoraussetzung, die Schülerinnen und Schüler mit ihren Lernvoraussetzungen richtig einzuschätzen. Für die Informatik hat sich noch kein Diagnosetool als ausreichend für Schülerinnen und Schüler aller Jahrgangsstufen herauskristallisiert. Aus der Hochschuldidaktik lässt sich für Programmieranfänger/-innen der Oberstufe die von Fuller et al. angepasste SOLO-Taxonomie (*Structure of observed learning outcome*) von Biggs und Collis nutzen, ansonsten ist die Informatiklehrkraft nach wie vor auf ihr pädagogisches Geschick angewiesen. Sich darauf zu verlassen, ist gerade am Anfang des Berufslebens oder am Beginn der Unterrichtstätigkeit in Informatik nicht leicht. Als erste Orientierung für die Unterrichtsplanung mag hier eine Skizze von unterschiedlichen Schülerinnen und Schülern genügen, die gelegentlich im Informatikunterricht anzutreffen sind. Zum Umgang mit diesen gibt es einige Empfehlungen und Praxistipps, die bei der Unterrichtsplanung helfen können. Auf keinen Fall wird dies der Unterschiedlichkeit der Lernenden in einem Kurs oder einer Klasse gerecht. Zur Abkehr vom oben genannten Gießkannenprinzip mag es für den Anfang aber zunächst einmal genügen.

Roland

Roland ist überzeugt, ein geborener Informatiker zu sein. Technik interessiert ihn. Er sieht gerne Filme, in denen es einem Hacker gelingt, in ein Netzwerk einzudringen und Informationen zu erhalten, die den meisten verborgen bleiben. Leider verfügt er kaum über Vorwissen im Fach, sieht sich aber als Kenner oder will zumindest von anderen so wahrgenommen werden. Da er nicht direkt über Leistung punkten kann, nutzt er Gelegenheiten, sich durch „Expertenwissen" hervorzutun, z. B. über die Verwendung von Fachvokabular, das er aber auch nicht immer sicher beherrscht. Im Auftreten zeigt er, dass er es nicht unbedingt nötig hat, zuzuhören und beschäftigt

Cornelsen/Antje Kahl

sich mit anderen Dingen. Er sucht sich einen Platz in den hinteren Reihen und ist dort von anderen Jungen, die sich ähnlich einschätzen, umgeben. Diese Gruppe stört den Unterrichtsverlauf immer mal wieder.

Maßnahmen: Wichtig für Roland ist, sich über seine Grenzen klar zu werden. Dafür kann hilfreich sein, sein Vorwissen zu ergänzen und auf die Details hinzuweisen, die für eine erfolgreiche Teilnahme am Unterricht noch verbessert werden müssen. Da die Profilierung zunächst nicht über Leistung erfolgt, können Sie frühzeitig das Gespräch mit ihm suchen. Oft muss das nach der ersten Kursarbeit geschehen, da hier die Note gelegentlich hinter seinen Erwartungen zurückbleibt. Es besteht dann die Gefahr, dass er aus der Rückmeldung der Arbeit nichts lernt, sondern er seinen angekratzten Status über ein verstärktes unerwünschtes Verhalten (zurück) gewinnen will. Rücken Sie dann ruhig die Veränderung seines Selbstbildes in den Fokus. Besser als Defizite zu betonen, ist es Roland gegenüber, dieses Selbstbild aufzunehmen und ihm klarzumachen, dass er ein noch besserer Informatiker würde, wenn er dieses lernen und jene Hausaufgaben gründlicher machen würde.

Zusätzlich können Sie die Sitzordnung so anlegen, dass ein Rückzug in die hinteren Reihen nicht auf Dauer möglich ist, z. B. durch Rotation. Außerdem sollte eine Pulkbildung von Roland mit ähnlichen Kursteilnehmer /-innen vermieden werden. Fairerweise sollten Sie diese Maßnahme transparent machen.

Im Auge behalten sollten Sie ebenfalls den Anteil an Aufmerksamkeit, den Roland und seine Freunde absorbieren. Sie verlangen oft viel mehr Energie als stillere Kursteilnehmerinnen und -teilnehmer. Hier sollte es nicht zu Ungleichgewichten kommen.

Berfin

Berfin hat das Fach Informatik zunächst nicht auf dem Schirm gehabt. Sie weiß aber, dass Kenntnisse im digitalen Bereich für den Berufserfolg wichtig sein dürften. Sie kommt also voller Neugier in den Kurs. Da sie wahrnimmt, dass für andere Kursteilnehmer (z. B. Roland) Informatik von besonderem Interesse ist, glaubt sie anfangs, nicht sehr viel zum Unterricht beitragen zu können und ist eher zurückhaltend. Aus einer gewissen Vorsicht dem Fach gegen-

Cornelsen/Antje Kahl

über, schreibt sie viel mit und macht in aller Regel die Hausaufgaben gründlich. Das zahlt sich für sie in Kursarbeiten aus. Ihre schriftlichen Leistungen demonstrieren, dass sie besser im Thema ist als ihre seltenen Wortbeiträge vermuten lassen. Sie legt die Zurückhaltung aber nur langsam ab.

Maßnahmen: Ihr Ziel für die Unterstützung Berfins sollte der Aufbau eines positiven informatischen Selbstbildes sein. Sie sollte das Selbstvertrauen gewinnen, den Unterricht voranbringen zu können und sich häufiger beteiligen. Doch vielleicht erkennen Sie Berfin zunächst nicht, da sie sich unauffällig verhält. Für sie sind klare Informationen wichtig, was sie genau behalten und lernen soll. Wenn Sie das Talent von Berfin entdeckt haben, hilft ein aufmunterndes Gespräch oder eine Vereinbarung, zunächst mit Blickkontakt zu „fragen", ob sie eine Lösung vorstellen will. Damit kann ihr die Sorge genommen werden, vor dem Kurs etwas vorzustellen, das falsch sein könnte. Klares, nicht übertriebenes Lob für gut gelöste Aufgaben kann dabei zusätzlich helfen.

Tim

Tim hat ein ausgeprägtes Interesse am Fach und bringt Vorwissen mit. Er sitzt im vorderen Teil des Kursraums. An Unterrichtsgesprächen beteiligt er sich unregelmäßig, kann aber so gut wie immer die meisten schwierigen und weiterführenden Fragen beantworten. Er fertigt regelmäßig seine Hausaufgaben an, drängt sich aber selten vor, diese vorzustellen. Er begibt sich nicht gern in Partner- oder Gruppenarbeit. Von den Mitschülerinnen und Mitschülern wird sein Wissen respektiert, häufig wird er als Fachmann zu Rate gezogen. Tim hat weniger Kontakt zum Rest des Kurses als die meisten anderen.

Cornelsen/Antje Kahl

Maßnahmen: Tim benötigt kaum fachliche Unterstützung. Gelegentlich müssen Sie dafür sorgen, dass er die Fachinhalte des Kurses nutzt und nicht sein Vorwissen. Deswegen sollten Sie klar kommunizieren, dass sein Vorwissen wertvoll ist, er aber die Arbeitsweise, die auch für die anderen gilt, anwenden soll. Manchmal fühlt man sich als Lehrperson durch sein Vorwissen herausgefordert. Viele Diskussionen über fachliche Details sollten Sie vermeiden; sie ist für den Großteil des Kurses weder relevant noch interessant.

Tim gerät durch sein Vorwissen gelegentlich in die Rolle der zweiten Lehrperson. Wenn Sie und Tim das so vereinbaren, spricht zeitweise auch nichts dagegen. Tims Stärken liegen aber häufiger im Finden von Lösungen statt im Erklären der Lösungswege. Geeigneter scheint es da, ihn mit zusätzlichem Wissen oder Aufgaben zu versorgen, also den Mitschülerinnen und Mitschülern eine allgemeine Einführung ins Thema zu geben oder vertiefende oder abstraktere Inhalte zu erarbeiten, wenn er mit konkreteren schon fertig ist. Auch könnten Sie Tim für die Teilnahme an Wettbewerben (Jugend- oder Bundeswettbewerb Informatik) anmelden. Deren Aufgaben kann er vielleicht dann bearbeiten, wenn die Übungen, für die die anderen Kursteilnehmer noch Zeit benötigen, schon gelöst sind. Wichtig kann für Tim aber auch sein, die nicht immer gut ausgeprägte Kompetenz im Kommunizieren und Kooperieren mit klar umrissenen Aufgaben zu trainieren.

Kathrin

Kathrins Interesse am Fach ist mittelbar. Sie oder ihre Eltern sind überzeugt, dass sie Grundkenntnisse in Informatik erwerben sollte. In ihrer Freizeit beschäftigt sich Kathrin kaum mit informatischen Themen. Sie ist im Unterricht unauffällig und beteiligt sich wenig. Ihre Kursarbeiten zeigen, dass sie den Stoff entweder nicht sicher durchdrungen oder zu wenig gelernt hat. Als Lehrperson könnte man geneigt sein, ihre intellektuellen Fähigkeiten für begrenzt zu halten. Ein Vergleich mit Leistungen in anderen Fächern kann jedoch aufweisen, dass dem nicht so ist.

Cornelsen/Antje Kahl

Maßnahmen: Nicht nur für Kathrin ist es sehr wichtig, Bezüge zur Lebenswelt herzustellen. Damit erscheinen die Inhalte des Fachs näher an ihrer Erfahrungswelt. Veranschaulichen Sie die manchmal sehr abstrakten Themen des Unterrichts durch enaktive Zugänge (Erläuterungen und Beispiel im Kapitel 2.5.1, Abschnitt zu Bruner). Nicht nur für Kathrin ist es wichtig, die Ergebnisse des Lernprozesses so zu sichern, dass sie problemlos darauf zugreifen kann – sei es am Beginn der nächsten Stunde oder zur Vorbereitung der Kursarbeit. Wenn Sie kritisch prüfen, ob die Sprachwahl im Unterricht und auf Arbeitsblättern für alle Schülerinnen und Schüler angemessen ist, können Sie Kathrin zusätzlich unnötige Hürden aus dem Weg räumen.

Die überwiegende Mehrzahl der Schülerinnen und Schüler zeigt sich natürlich völlig anders mit jeweils eigenen Fähigkeiten und Schwächen. Um diese kennenzulernen, sollten Sie häufiger das Pult verlassen und direkt am Lern- oder Arbeitsprozess der Schülerinnen und Schüler teilnehmen. Sich bei Gruppen- oder Partnerarbeiten dazuzusetzen und nur zuzuhören oder in Einzelarbeitsphasen das Gespräch mit einzelnen Schülerinnen und Schülern zu suchen, sollte schneller dazu beitragen, die Lerngruppe individueller kennenzulernen und den Unterricht besser an die einzelnen Lernenden anzupassen.

2.5.3 Jungen und Mädchen

Der Blick auf die Lernenden hat sich in den letzten Jahren erheblich geweitet, sodass außer der klaren Trennung von Jungen und Mädchen auch andere Geschlechtsidentitäten berücksichtigt werden sollten. Die Didaktik der Informatik ist hier allerdings noch dabei, Forschungsergebnisse für das Fach fruchtbar zu machen. Zahlreiche Erkenntnisse der Forschung zur Ausrichtung des Unterrichts auf Mädchen sind auch noch nicht vollumfänglich im alltäglichen Unterricht angekommen, sodass vielleicht ein guter Anfang getan ist, wenn Sie den Unterricht noch bewusster auch auf die Teilnehmerinnen zuschneiden. Allein durch die Lockerung des häufig männlich geprägten Blicks auf das Fach dürfte schon das Bewusstsein für die Notwendigkeit steigen, die Diversität der Lernenden stärker in der Unterrichtsplanung zu berücksichtigen.

Trotz zahlreicher Maßnahmen, den Anteil von Mädchen und Frauen in der Informatik zu steigern, kann von einem nachhaltigen Erfolg immer noch keine Rede sein. So kommt der Anteil von Frauen mit dem Studienfach Informatik seit Jahren über 25 % nicht hinaus (vgl. bitkom 2021). In der Regel wählen in der Oberstufe mehr Jungen als Mädchen Informatikkurse und auch im Wahlpflichtbereich scheint das Fach eher Jungen als Mädchen anzuziehen.

Arg konservative Geister mögen daraus den Schluss ziehen, dass sich Mädchen und junge Frauen schlicht nicht für die Informatik interessieren und vielleicht dazu im Schnitt auch weniger Talent aufweisen.

Wie so oft hilft hier ein Blick über den Tellerrand: Historisch gesehen waren Frauen im informationsverarbeitenden Bereich deutlich überrepräsentiert. Sie erledigten Büroarbeit, wozu anfangs völlig selbstverständlich auch die Datenverarbeitung gehörte. Ohne solide Kenntnis grundlegender Prozesse der Datenverarbeitung war man für die anspruchsvolle Tätigkeit nicht geeignet. Daran hat sich ja auch bis heute wenig geändert.

Vergleicht man außerdem die oben genannten Zahlen mit denen anderer Länder, stellt man fest, dass in einigen als konservativ geltenden Regionen der Frauenanteil im MINT-Bereich deutlich höher ist als in Deutschland. Eine schon 2002 veröffentlichte Studie weist auf folgende Fakten hin:

- In Saudi-Arabien, den Vereinigten Arabischen Emiraten, Jordanien und Libanon gibt es eine Frauenmehrheit in technisch orientierten Schulen.
- In Kuweit sind fast 50 % der im Fach Informatik eingeschriebenen Studierenden Frauen, in Mathematik und Informatik zusammen über 70 %.
- In Iran und der Türkei ist der weibliche Anteil in technischen und Informatik-Studiengängen auf allen akademischen Stufen im Vergleich zu nordwestlichen Industrieländern und Japan vergleichsweise hoch.
- In Brasilien und Mexiko gibt es ca. 40 % Mathematik-/Informatikstudentinnen. (vgl. Schinzel 2004)

Es erscheint offensichtlich, dass der geringe Anteil von Frauen in der Informatik in der westlich geprägten Welt weniger auf Besonderheiten des Geschlechts als auf Besonderheiten der Gesellschaft zurückgeht. Ein Blick in die unteren Jahrgangsstufen hierzulande zeigt auch ein gleiches Interesse und Talent an MINT-Fächern bei Jungen und Mädchen. Das Interesse von Mädchen am Fach nimmt aber ab der Mittelstufe deutlich ab und erreicht die Aufmerksamkeit, die es vorher hatte, nicht mehr. Dafür nennen Sigrid Schubert und Andreas Schwill zahlreiche Gründe (vgl. Schubert, 2011, S. 299f.). Diese erscheinen vielleicht etwas holzschnittartig, ergeben sich aber aus der Sichtung von Forschungsergebnissen:

- Schon vor der Pubertät bilden sich Entscheidungen zum späteren Lebensentwurf heraus. Dabei greifen Schülerinnen und Schüler auf verbreitete und gesellschaftlich vorherrschende Rollenbilder zurück.
- Mädchen interessieren sich im Schnitt weniger dafür, die Technik des Informatiksystems zu verstehen und zu beherrschen, sondern sind eher an den Möglichkeiten und Auswirkungen dieser Technik interessiert.
- Mädchen halten sich für weniger technikbegabt als Jungen. Wenn diese dann auch noch ihre vermeintlichen Fähigkeiten lautstark im Kurs herausstellen, sinkt die Bereitschaft vieler Mädchen, sich nachdrücklich in die Kursarbeit einzubringen.
- Mädchen sind an reinen Programmierkursen im Informatikunterricht deutlich weniger interessiert als Jungen. Dass daraus keine Schlüsse über die Fähigkeit zum abstrakten Denken abzuleiten sind, zeigt sich daran, dass im Bereich der theoretischen Informatik die Leistungen der Mädchen die der Jungen oft übertreffen, vielleicht auch, weil sie teilweise systematischer und sorgfältiger an Problemlösungen herangehen.

- Die in der Informatik notwendigen Kompetenzen zur Kommunikation und Kooperation, in der die Fähigkeiten von Mädchen oftmals stärker ausgeprägt sind als die der Jungen, spielen in manchem Informatikunterricht teilweise keine besonders große Rolle.

Aus einigen der genannten Gründe lassen sich Empfehlungen für einen Informatikunterricht ableiten, der die Diversität der Lernenden deutlich besser berücksichtigt und hilft, den Unterricht vielfältiger zu gestalten:

- Der Lebensweltbezug sollte immer deutlich sein. Wenn irgend möglich, sollten Aufgaben an die Erfahrungen der Lernenden anknüpfen. Wenn durch die Nutzung informatischer Artefakte das Leben von Menschen erleichtert oder verbessert werden kann, dürfte die Motivation aller steigen.
- In der Informatikdidaktik wird die Vernachlässigung der Modellierung im Vergleich zur Implementierung beklagt. Da sich ohne eine gute Modellierung kaum qualitativ hochwertig implementieren lässt, sollte dieser Bereich einen angemessenen Platz im Unterricht haben. Mädchen legen hier oftmals eine systematischere und damit zielorientierte Vorgehensweise an den Tag. So kann die Beteiligung von Mädchen erhöht und die Qualität der Produkte verbessert werden.
- Obwohl sich in jüngeren Schulbüchern die Mühe erkennen lässt, von traditionellen Rollenbildern abzuweichen, finden sich immer noch zahlreiche Erklärungen und Aufgaben, die eher an Jungen gerichtet sind oder deren vermutete Interessen ansprechen. Wenn Sie bei der Unterrichtsvorbereitung auf entsprechendes Material stoßen, können Sie dies ggf. anpassen.
- Wenn es sich anbietet, können Sie auf die Leistung von Frauen in der Informatik verweisen.
- Die in unterschiedlichen Bereichen der Informatik zentrale Fähigkeit zur Kommunikation und Kooperation sowie die Kompetenz zur Argumentation sollte in seiner Bedeutung für das Fach herausgestellt und eingefordert werden. Gruppenarbeit kann dies zusätzlich unterstützen und sollte selbstverständlicher Bestandteil des Informatikunterrichts sein.
- Jungen verlangen gelegentlich nachdrücklicher Unterstützung als Mädchen. Hier sollten Sie ein waches Auge haben, um auch nicht direkt sichtbare Bedarfe zu erkennen.
- Hilfreich kann auch sein, bei Meldungen im Zweifel eher ein Mädchen als einen Jungen dranzunehmen, auch um Ergebnisse zu präsentieren. Die Leistungen der Schülerinnen werden dann sowohl für die Jungen als auch für die Mädchen sichtbarer.

Ist sich die Lehrkraft der Vielfalt der Lernenden bei der Unterrichtsplanung bewusst, dürfte daraus ein Unterricht erwachsen, der sich an den unterschiedlichen Interessen, Neigungen und Fähigkeiten der Teilnehmenden orientiert und damit einen breiteren Zugang zum Fach ermöglicht. Davon dürften dann auch die Lernenden profitieren, die mit traditionellen Geschlechtsidentitäten nichts anzufangen wissen.

3 Planung von Unterricht – Grundlagen

Es gibt zahlreiche Anregungen, wie Unterricht geplant werden kann. Die erfahrene Lehrkraft wird die folgenden allgemeinen Übersichten kaum benötigen. Für den Neuling seien einige einfache, vermutlich auch schon bekannte Empfehlungen vorgestellt, an denen sich die Planung in kleineren Schritten für einzelne Stunden üben lässt. Wo es sich anbietet, wird es mit Blick auf den Informatikunterricht präzisiert.

Zunächst sei der Schwerpunkt auf einen von der Lehrkraft gründlich vorstrukturierten Aufbau mit einem zu erreichenden Ergebnis am Stundenende gesetzt. Spannender für alle Beteiligten dürften offenere Formen sein, auf die ich weiter hinten eingehe.

3.1 Die Struktur einer Einzelstunde

Für einen sehr einfachen Aufbau einer Einzelstunde kristallisieren sich bei den meisten Vorschlägen die Orientierung an den drei E heraus: **E**instieg – **E**rarbeitung – **E**rgebnissicherung. Im Einstieg wird eine Frage oder ein Problem aufgeworfen, das Problem in der Erarbeitungsphase bearbeitet und idealerweise gelöst bzw. die Frage beantwortet und in der Ergebnissicherung wird das festgehalten, was dauerhaft gelernt und gegebenenfalls abgefragt werden soll. Diese Grundstruktur erweitert die Lehrkraft in der Regel noch um andere Phasen, z. B. notwendige Organisation oder Rituale zum Stundenbeginn oder Nennen und kurzes Ansprechen von Hausaufgaben am Ende. Die Lehrperson kann die Erarbeitung in mehrere Schritte auch mit unterschiedlichen Medien unterteilen. Am Stundenende erfolgt neben der Sicherung häufig eine Anbindung an das bisher Gelernte, eine Vorausschau auf das weitere Vorgehen, eine Reflexion des Lernprozesses, das Ansprechen weitere Übungen oder Hausaufgaben etc.

3.2 Die Ergebnissicherung

Es empfiehlt sich, bei der Stundenplanung zunächst zu klären, was das Ziel oder Ergebnis der Stunde ist. Wenn dies gesichert werden soll, sollte auch ein Entwurf der Sicherung angefertigt werden. Erst danach ist es sinnvoll, zu klären, wie das zu behandelnde Problem aufgeworfen werden kann und in welchen Schritten es zu bearbeiten ist. Ein besonderer Einstieg, der zu einer Bearbeitung führt, die aber nicht abgeschlossen wird, lässt die Stunde ohne Ergebnis in der Luft hängen. Auf das in der Stunde schon erarbeitete Wissen kann damit weniger leicht in den Folgestunden zugegriffen werden.

Mögliche Ziele lassen sich am besten aus einer gelungenen Reihenplanung ableiten. Idealerweise existiert schon der Test oder die Kursarbeit für das Reihenende und die Sicherung kann dann im Hinblick auf das dort abzurufende oder anzuwendende Wissen vorbereitet werden. Grundlage für zu erwerbendes Wissen und entsprechendes Können liefern beispielsweise der schulinterne Lehrplan oder der Kernlehrplan.

Ein verbreitetes Missverständnis ist es, anzunehmen, dass die Anwendung eines neuen Verfahrens Beleg genug dafür ist, dass Schülerinnen und Schüler dieses auch vollständig verstanden haben. Bei der blockbasierten Programmierung mit Scratch können Schülerinnen und Schüler z. B. recht schnell durch bloßes Ausprobieren oder ausführliche Schritt-für-Schritt-Anweisungen zu ansehnlichen Ergebnissen kommen. Diese sind aber für schwächere Schülerinnen und Schüler ohne eine zusammenfassende Systematisierung nur schwer reproduzierbar.

Welche einfachen Sicherungsmöglichkeiten gibt es? Geht man von einer simplen Struktur aus, halten die Schülerinnen und Schüler in einigen wenigen Sätzen, evtl. durch eine Zeichnung ergänzt, den neuen Lernstoff abrufbar fest. Ob das analog oder digital erfolgt, hängt von den gegebenen technischen Möglichkeiten ab. Von jemand anderem formulierte Ergebnisse abzufotografieren, hält diese zwar fest, da aber der eigene Bezug zur Sicherung fehlt, ist eine spätere Abrufbarkeit wohl nur bedingt gewährleistet.

In einer einfachen Matrix für die Sicherung kann man den Grad der Verlässlichkeit und Nachhaltigkeit des erlangten Wissenszuwachses beispielhaft in Beziehung zur Schülerbeteiligung festhalten:

Art der Sicherung	**Verlässlichkeit**	**Nachhaltigkeit**
Lehrkraft schreibt oder projiziert am Stundenende ein vorbereitetes Ergebnis an die Tafel	Sehr hoch	Hängt von der Bereitschaft der Lernenden ab, sich mit dem Ergebnis noch einmal auseinanderzusetzen
Lehrkraft erstellt nach Vorschlägen der Schüler/-innen eine korrekte Zusammenfassung des Stundenergebnisses	Hoch, da die Endredaktion bei der Lehrperson liegt und diese sicherstellen kann, dass das Ergebnis korrekt ist	Schüler/-innen erkennen teilweise ihre Beiträge wieder, was die Behaltensleistung erhöhen kann

Schüler/-innen übertragen selbstständig einen diskutierten und anscheinend richtigen Vorschlag	Relativ hoch, wenn die Lehrperson die Lösung autorisiert. Wenn mehrere Schüler/-innen sich auf eine Lösung einigen, ist es zumindest wahrscheinlich, dass die Lösung korrekt ist.	Vor allem die Diskussion und das Ringen um eine „sichere" Lösung dürfte die Behaltensleistung spürbar erhöhen
Schüler/-innen halten mit eigenen Worten das fest, was sich für sie als Stundenergebnis herauskristallisiert hat	Hängt von der Qualität der Arbeitsphase und der Kompetenz der Schüler/-innen ab	Da die Sicherung individuell ausfällt, ist die Erinnerung an die eigenen Gedankengänge und Formulierungen vermutlich einfacher.

Bei jüngeren Schülerinnen und Schülern wird die Lehrkraft deutlich mehr Verantwortung für die Sicherung übernehmen (müssen), während älteren mehr Verantwortung zugetraut werden kann. Am besten kann die Lehrkraft nach einiger Erfahrung abschätzen, wie viel Verantwortung sie abgeben kann.

Häufig wird man Zusammenfassungen, Erklärungen oder Definitionen festhalten wollen. Oft wird aber auch eine Gegenüberstellung benötigt, wofür sich eine Tabelle besonders anbietet. Hier lassen sich z. B. Vor- und Nachteile zweier Verfahren darstellen oder unterschiedliche Verfahren kontrastieren. Das wäre etwa beim Vergleich von Vor- und Nachteilen der Digitalisierung oder bei Schleifen im Programmierunterricht möglich.

3.3 Der Einstieg

Ist die Sicherung geklärt, lässt sich mit dem Einstieg fortfahren. Dieser muss so angelegt sein, dass er zur Sicherung des Ergebnisses hinführt. Ein effektvoller Einstieg, der den Fortgang der Stunde nicht schon zumindest im Ansatz nahelegt, erweist sich als wenig geschickt. Zur besseren Übersicht seien hier mögliche Einstiegsszenarien genannt (grob orientiert an Paradies & Greven, 2005):

Stundenbeginn	Beispiele oder Erklärungen
Anknüpfung	
Stoffliches Aufwärmen	Fragekette, z. B. zu behandelten Fachbegriffen, Struktur eines Dokuments oder Sammlung der Ergebnisse der letzten Stunde

Wiederholungs-einstieg	Anhand einer Mitschrift, einer Grafik (z. B. Tafelbild der letzten Stunde, besprochenes Bild oder gezeigte Grafik) usw. sollen die Schüler/-innen etwas aus vorigen Stunden wiederholen, dann wird jemand ausgelost, um vorzutragen. Das ist besonders sinnvoll, wenn die Stunde dieses Wissen voraussetzt oder darauf aufbaut.
Doppelkreis	Partner/-in A wiederholt einen Teil aus der Vorstunde, Partner/-in B einen anderen. Anschließend erfolgt gegenseitiges Vorstellen.
Lernspiele	Z. B. Quartett zu Fachbegriffen
Sprechmühle	Partner/-in A spricht eine Minute lang über ein Thema, dann Wechsel zu Partner/-in B.
Motivation	
Informierender Unterrichtseinstieg	Mündlich ode schriftlich: Ziele der Stunde Begründung der Ziele (evtl. mit Einordnung in Vorhaben) Vorgehen (evtl. mit Begründung: Was? Warum? Wie?)
Vortrag der Lehrkraft	Z. B. Erklärung von Funktionen von Hardware, Geschichte oder eines Ereignisses, das für den Stoff wichtig ist
Etwas vorzeigen	Z. B. Mainboard, Schüler/-innen sollen Hardware identifizieren; alternativ PC und Smartphone vergleichen zur Nennung von Gemeinsamkeiten und Unterschieden
Konstruktion eines Widerspruchs/ Verfremdung	Etwas zeigen, das im Widerspruch zu bisher Gelerntem steht
Aufzeigen von Problemen, die durch bisherige Lösungen nicht gelöst werden konnten oder erst entstehen	In der letzten Stunde wurde die Cäsar-Chiffrierung behandelt, am Beginn der Stunde wird deutlich, wie leicht diese zu knacken ist. Daraus sollte sich die Motivation ergeben, eine bessere Verschlüsselung kennenzulernen oder zu entwickeln.
Aufzeigen von Schwächen bisheriger Verfahren	Möglichkeiten werden vorgeführt, die bisheriges Arbeiten erleichtern (z. B. Modularisierung oder Auslagerung in eigene Methoden statt wiederholtem Eingeben von Befehlen, Einführung von Schleifen). Hilfreich ist es, wenn die Schüler/-innen das Problem selbst erkennen und Ideen zur Lösung entwickeln („Ich muss den gleichen Code viermal hintereinander schreiben, das muss doch einfacher gehen.")

Provokation	„Heute werden wir etwas lernen, das eigentlich zu schwer für Neuntklässler ist."
Ins Gespräch bringen/Meinungen abfragen oder diskutieren	
Blitzlicht	Einstimmung auf ein Thema über Blitzlichtfragen (Muster: Was weiß ich über ...? Was könnte ... bedeuten?)
Medieneinstieg	Einstieg mit Zitat, Bild, Film, Programm usw., meist vor dem informierenden Einstieg mit Spontanäußerungen der Schüler/-innen
Vier-Ecken-Gespräch	In vier Ecken des Raumes hängen Zitate, zu denen sich die Schüler/-innen austauschen sollen.
Schreibgespräch	Zu einer Frage, einem Assoziationsthema wird gleichzeitig geschrieben, zunächst nicht gesprochen.

Da Unterricht nie isoliert stattfindet, lässt sich häufig vor dem Einstieg das bislang erworbene Wissen reaktivieren bis zu dem Punkt, an den die aktuelle Stunde anknüpfen wird. So ist der gesamte Lernweg für die Schülerinnen und Schüler deutlicher und das neue Wissen kann besser in das schon erlangte integriert werden. Wenn Zeit ist, kann diese Integration auch am Ende der Stunde noch einmal explizit erfolgen. Gelingt diese Integration einer/einem der weniger starken Schülerinnen oder Schüler, lässt sich auch einschätzen, wie gut das neue Wissen allgemein im Kurs verankert worden sein könnte. Gegebenenfalls können auch letzte Missverständnisse ausgeräumt werden.

3.4 Die Erarbeitung

Um die Erarbeitung effizient zu gestalten, sollte diese möglichst klar strukturiert werden. Sind im Einstieg schon Bearbeitungsschritte festgehalten worden? Dann sollten diese auch abgearbeitet werden. Bei der Arbeit an einer Aufgabe oder einem Arbeitsblatt mit mehreren Aufgaben muss die Lehrkraft darauf achten, dass diese klar auf die Erlangung des Stundenziels ausgerichtet sind. Was nicht unbedingt nötig ist, muss zunächst auch nicht bearbeitet werden. Zusätzliche interessante Fragestellungen oder Aufgaben können als ergänzende Aufgabe oder didaktische Reserve mit aufgenommen werden.

Die Lehrkraft sollte klären, wie die Arbeitsergebnisse festgehalten werden. Am sichersten dafür, dass alle Schülerinnen und Schüler arbeiten, ist eine

Verschriftlichung, die jede/-r anfertigen muss. In einer Gruppenarbeit wird sonst schnell jemand bestimmt, der die Denk- und Schreibarbeit übernehmen muss, während die übrigen Schülerinnen und Schüler sich mit anderen Dingen beschäftigen.

Sollte es mehrere Aufgaben geben, kann es sich lohnen, Lösungen zur Selbstüberprüfung vorzubereiten. Hilfen, wie einzelne Aufgaben zu lösen sein könnten, sollten ebenfalls nicht fehlen. Ob die Aufgaben in Partnerarbeit und ggf. mit den Hinweisen von den Schüler/-innen selbstständig überprüft werden sollen oder im Unterrichtsgespräch mit der Gelegenheit zum Nachfragen durchgegangen werden, kann nach Einschätzung der Lehrperson entschieden werden. Auch hier dürfte allerdings eine aktivere Beteiligung der Lernenden zu einer höheren Verstehens- und Behaltensleistung beitragen als ein im ungünstigsten Fall von der Lehrperson vorgestelltes richtiges Ergebnis mit abschließender Frage in die Runde, ob es noch Unklarheiten gibt.

Am Ende der Erarbeitungsphase sollte den Schülerinnen und Schülern der neue Inhalt, das neue Verfahren oder Modell klar geworden sein. Um auf diesem Verständnis aufbauen zu können, muss es, wie weiter vorne erwähnt, natürlich auch gesichert werden. Selbst wenn am Ende der Stunde alle Schülerinnen und Schüler überzeugt sind, alles verstanden zu haben und anwenden zu können, dürfte keinesfalls gewährleistet sein, dass dieses Wissen zu Beginn der nächsten Stunde, wenn man darauf aufbauen will, oder einige Stunden später in einer Kursarbeit oder einem Test abgerufen werden kann. Aus diesem Grund sollte die Sicherung auch eine Reflexion des Lernergebnisses beinhalten und im Idealfall eine Erklärung, Zusammenfassung, Definition oder ähnliches enthalten. Wenn die Schüler/-innen zu Beginn der nächsten Sitzung oder in Vorbereitung auf einen Test oder eine Kursarbeit noch einmal kurz auf diese blicken können, sollte das schon erlangte Wissen leichter zu reaktivieren sein.

3.5 Sequenz- und Reihenplanung

Auch zur Reihenplanung gibt es zahlreiche Vorschläge und Anregungen auf dem Markt. Hier wird beispielhaft nur ein möglicher Weg aufgezeigt, der aber gerade für Anfänger/-innen im Fach eine klare Orientierung bieten kann.

Mehr noch als in der Planung einer Einzelstunde muss die Reihe auf das Ergebnis hin geplant werden, auch um die Einzelstunden als Schritte zum angestrebten Ziel – den zu erlangenden Kompetenzen – einordnen zu können. Diese sollten auch transparent gemacht werden, damit die Lernenden selbst einschätzen können, wie gut sie den neuen Stoff verinnerlicht haben.

Wie auch immer die Evaluation mit den Schülerinnen und Schülern ablaufen wird (Test, Kursarbeit, gemeinsame Reflexion, Portfolio usw.), es ergibt sich die Möglichkeit, auch die Qualität des eigenen Unterrichts zu überprüfen.

Der Weg von der groben Übersicht zu einer etwas detaillierteren Planung soll an einem Beispiel verdeutlicht werden. Eine recht große Verbreitung findet der ab dem Schuljahr 2021/22 in Nordrhein-Westfalen eingeführte Kernlehrplan für das Fach Informatik in der Jahrgangsstufe 5/6 für alle Schulformen weiterführender Schulen – für die Förderschulen nur insofern als Schülerinnen und Schüler mit einem angestrebten Haupt- oder Realschulabschluss oder mit dem Ziel Abitur unterrichtet werden. Das heißt, dass fast jeder Schüler und jede Schülerin in NRW in der Klasse 5 oder 6 Informatikunterricht mit den nahezu identischen Zielen erhalten soll.

Eine Übersicht weist folgende Inhaltsbereiche aus:

- Information und Daten
- Algorithmen
- Automaten und Künstliche Intelligenz
- Informatiksysteme
- Informatik, Mensch und Gesellschaft

Verknüpft werden sollen diese mit den Kompetenzbereichen

- Argumentieren
- Modellieren und Implementieren
- Darstellen und Interpretieren
- Kommunizieren und Kooperieren (vgl. KLP Informatik NRW 5/6, 2021)

In den folgenden konkretisierten Kompetenzerwartungen werden dann vor allem inhaltliche Schwerpunkte genannt und welcher Schwerpunkt sich bei den Kompetenzerwartungen besonders anbietet.

Für die gesamte Planung für die Klassen 5/6 bietet es sich an, mit dem anspruchsvollen Thema der Künstlichen Intelligenz erst zu beginnen, wenn das Prinzip von Algorithmen verstanden worden ist und erste Erfahrung im Programmieren gesammelt werden konnte. Welchen Einfluss die Digitalisierung auf die Menschen und die Gesellschaft hat, sollte im Zusammenhang mit jedem zu behandelndem Thema deutlich werden. Ein entsprechender thematischer Block ist möglich, da aber Entwicklungen immer am besten am Beispiel veranschaulicht werden können, passen diese häufiger besser als Konkretisierung zu anderen Themenschwerpunkten. Vielleicht bietet es sich an, mit dem Thema Informatiksysteme zu beginnen, mit dem allgemein über ebendiese, deren Nutzung durch die Schülerinnen und Schüler sowie die möglichen Auswirkungen reflektiert werden kann. Gleichzeitig kann eine gemeinsame Wissensbasis gelegt werden, die die Schülerinnen und Schüler mit sehr unterschiedlichem Vorwissen in den Informatikunterricht kommen. Damit ist sehr grob die allgemeine Richtung für die Reihenplanung skizziert.

Ein Blick in den Kernlehrplan Informatik NRW für die Jahrgangsstufen 5/6 zeigt, dass für den Inhaltsbereich Informatiksysteme folgende Kompetenzerwartungen erfüllt werden müssen:
Die Schülerinnen und Schüler ...

- benennen Beispiele für (vernetzte) Informatiksysteme aus ihrer Erfahrungswelt (DI),
- benennen Grundkomponenten von (vernetzten) Informatiksystemen und beschreiben ihre Funktionen (DI),
- beschreiben das Prinzip der Eingabe, Verarbeitung und Ausgabe (EVA-Prinzip) als grundlegendes Prinzip der Datenverarbeitung (DI),
- vergleichen Möglichkeiten der Datenverwaltung hinsichtlich ihrer spezifischen Charakteristika (u. a. Speicherort, Kapazität, Aspekte der Datensicherheit) (A),
- setzen zielgerichtet Informatiksysteme zur Verarbeitung von Daten ein (MI),
- erläutern Prinzipien der strukturierten Dateiverwaltung (A),
- setzen Informatiksysteme zur Kommunikation und Kooperation ein (KK) (vgl. KLP Informatik NRW 5/6, 2021, S. 19)

Die Abkürzungen in Klammern am Ende der Auflistungspunkte beziehen sich auf die Kompetenzbereiche, mit denen die Inhalte vor allem verknüpft werden sollen.

Aus den Kompetenzerwartungen und den Operatoren lässt sich, wie weiter vorne schon vorgeschlagen, auch schon jetzt eine Kursarbeit oder ein kurzer Test erstellen. Dies hat auch den Vorteil, dass schon zu Anfang der Reihe feststeht, was genau in Einzelstunden gesichert werden muss.

Die ersten drei Kompetenzerwartungen könnten beispielsweise zu folgenden Fragen in einem Test führen:

1. Nenne drei Beispiele dir bekannter Informatiksysteme!
2. Erkläre, was mit dem EVA-Prinzip gemeint ist!
3. Gib für E, V und A jeweils ein Beispiel an!

Es sei nochmals darauf hingewiesen, dass die Auflistung von Kompetenzerwartungen keine Empfehlung für eine Abhandlung der genannten Erwartungen in einer Reihe nahelegen soll – dies ist in höheren Jahrgangsstufen auch kaum noch zu leisten. In den Stufen 5/6 scheint es aber gerade für das genannte Inhaltsfeld zumindest für Sequenzen möglich, und das soll hier exemplarisch durchgespielt werden.

Gerade für jüngere Schülerinnen und Schüler sollte an die eigene Erfahrungswelt angeknüpft werden. So bietet es sich an, zu Beginn einer Reihe Beispiele aus der Erfahrungswelt der Schülerinnen und Schüler zu sammeln und diese zu ergänzen. Smartphone und Tablet werden die meisten vermutlich nennen, eine Scannerkasse im Supermarkt oder eine Mikrowelle wird aber vielleicht nicht genannt. Hier muss der Informatikunterricht den Blick darauf erweitern, wie präsent Informatiksysteme nicht nur im Leben der Schülerinnen und Schüler sind. Datenverwaltung und -verarbeitung kann erst dann sinnvoll vermittelt werden, wenn Grundfunktionen von Hard- und Software behandelt worden sind. Deswegen wird man vermutlich zunächst bei den Geräten selbst bleiben und deren Grundkomponenten systematisieren und sich um das EVA-Prinzip kümmern. Das gelingt leichter mit Geräten, bei denen Eingabegeräte wie Maus und Tastatur oder Ausgabegeräte wie Bildschirm und Drucker noch als eigene Geräte vor Augen sind. Ein Smartphone vereinigt Einzelkomponenten, was gerade jüngeren Schülerinnen und Schülern die Systematisierung erschweren dürfte. Dass die Unterschiede und Besonderheiten von vernetzten Informatiksystemen anspruchsvoller und deswegen sinnvollerweise erst etwas später behandelt werden sollte, liegt ebenfalls nahe. Diese Einführung kann im Computerraum stattfinden oder zumindest mit dem Gerät, mit dem im Informatikunterricht später gearbeitet werden soll. Damit kann der Informatikunterricht auch einen Service für andere Fächer übernehmen, indem er einen reibungsarmen Umgang mit schulischer Hard- und Software vorbereitet.

Der zu den aufgezählten Inhaltsfeldern explizit genannte Kompetenzbereich ist „Darstellen und Interpretieren", hierauf muss also in der Durchführung ein besonderes Augenmerk gerichtet werden. Da es aber auch um die Systematisierung vermutlich schon im Ansatz vorhandenen Wissens geht, dürfte die Darstellung eine größere Rolle als das Interpretieren spielen. Knüpft man an die Erfahrungen der Schülerinnen und Schüler an und reflektiert den Einsatz von Informatiksystemen, wird natürlich auch der Kompetenzbereich Kommunizieren und auch das Argumentieren trainiert. Details müssen dann in der Stundenplanung ausgearbeitet werden.

Die weiteren Kompetenzbereiche legen etwas andere Schwerpunkte. Man kann mit diesen fortfahren, z. B. die Besonderheit vernetzter Informatiksysteme erarbeiten. Es lassen sich auch die Auswirkungen der Nutzung für die Schülerinnen und Schüler, das Arbeitsleben oder die Gesellschaft behandeln oder man möchte an Inhalte aus dem Inhaltsfeld „Daten und Informationen“ anknüpfen. Das kann nach Interesse der Lernenden entschieden werden. Sinnvoll ist nur, dass die Planung einer Sequenz eine auch für die Schülerinnen und Schüler sinnvolle und nachvollziehbare Verknüpfung aufweist.

Beispiele wären „Informatiksysteme – welche nutze ich und welche nutzen mich?“ oder „Eine Welt ohne Informatiksysteme …“ oder „Meine Freizeit mit Informatiksystemen“ etc. Ein Beispiel für eine Sequenz als Teil einer Reihe ist im Folgenden skizziert. Die Einteilung in Stunden dient nur als grobe Orientierung und sollte nach den Wünschen der Lernenden und den gewünschten oder notwendigen Schwerpunkten angepasst werden. Erweiterungen und Ergänzungen sollten darauf geprüft werden, inwiefern sie zum Reihenthema passen; ggf. muss dieses angepasst werden.

Thema: Welche Informatiksysteme nutze ich in Freizeit und Schule?

Stunde	Thema	Berücksichtigte Kompetenzbereiche und Kompetenzerwartungen (zum Teil verknüpft mit anderen Inhaltsfeldern, Abkürzung der Kompetenzbereiche in Klammern)
1	Wir sind von Informatiksystemen umgeben – aber von welchen?	Schüler/-innen benennen Beispiele für Informatiksysteme aus ihrer Erfahrungswelt. (DI)
2	Einfluss von Informatiksystemen auf unser Leben – privat und gesellschaftlich	Schüler/innen benennen an ausgewählten Beispielen Auswirkungen des Einsatzes von Informatiksystemen auf ihre Lebens- und Erfahrungswelt. (A/KK) Schüler/-innen beschreiben an Beispielen die Bedeutung von Informatiksystemen in der Lebens- und Arbeitswelt. (KK)
3	Was ist das überhaupt, ein Informatiksystem? Das EVA-Prinzip	Schüler/-innen benennen Grundkomponenten von Informatiksystemen und beschreiben ihre Funktionen. (DI) Schüler/-innen beschreiben das Prinzip der Eingabe, Verarbeitung und Ausgabe (EVA-Prinzip) als grundlegendes Prinzip der Datenverarbeitung. (DI)

4–6	Wie arbeitet ein Informatiksystem? Grundlagen des Binärsystems zur Darstellung und Verarbeitung von Informationen	Schüler/-innen codieren und decodieren Daten unter Verwendung des Binärsystems. (MI)
7–9	Wie kann ich sinnvoll mit den Schulrechnern arbeiten? *(Ab hier kann z. B. eine Einführung in die strukturierte Dateiverwaltung, die vernetzte Kommunikation oder die Nutzung der Informatiksysteme zur Kommunikation erfolgen.)*	Schüler/-innen setzen zielgerichtet Informatiksysteme zur Verarbeitung von Daten ein. (MI) Schüler/-innen erläutern Prinzipien der strukturierten Dateiverwaltung. (A) Schüler/-innen setzen Informatiksysteme zur Kommunikation und Kooperation ein. (KK)
	…	

Es sei noch einmal darauf hingewiesen, dass die Lehrkraft vor allem für die jüngeren Schülerinnen und Schüler darauf achten muss, dass der Bezug zu deren Lebenswirklichkeit mindestens Ausgangspunkt der Überlegungen der Planung und am besten auch der Durchführung ist und dass dies den Lernenden auch deutlich wird und bleibt.

Wie erwähnt können Unterrichtsreihen auch anders geplant werden. Die hier skizzierte Vorgehensweise legt den Schwerpunkt auf die Vermittlung der angestrebten Kompetenzen, die die Basis für eine Leistungsüberprüfung sein können. Vielleicht empfiehlt sich dem Einsteiger bzw. der Einsteiger in im Fach, sich an diesem Gerüst zu orientieren. Mit zunehmender Erfahrung wird man die spontan geäußerten Interessen der Lernenden, aktuelle Entwicklungen oder auch eigene Schwerpunkte zunehmend in die Reihenplanung einfließen lassen.

3.6 Planung eines Projekts

Ist die Stunde Teil eines Projekts, verlagert sich die Planung auf die Planung der Reihe und die Bereitstellung von Materialien, Aufgaben und Hilfen. Manche Kolleginnen und Kollegen verzichten auf die Einbeziehung eines Projekts in die Jahresplanung; das dürfte vor allem daran liegen, dass einzeln geplante Stunde leichter vorherzusehen und auszuarbeiten sind, weil flexibel auf Überraschungen, Schwierigkeiten und Abweichungen reagiert werden kann. Auch geht die Schere zwischen Schülerinnen und Schülern, die gut und schnell vorankommen, und denen, die mehr Zeit und weitere

Hilfen benötigen, weiter auseinander. Hinzu kommt, dass die gleichen Hilfen immer wieder, aber zu anderen Zeitpunkten gegeben werden müssen, weil das Tempo des Fortschritts variiert. All das kann die Planung eines längerfristig selbstständig organisierten Unterrichts ziemlich anstrengend werden lassen.

Warum sollte man sich trotzdem für ein Projekt entscheiden? Dafür gibt es zahlreiche Gründe. Der trivialste ist die Abwechslung, die ein Projekt für die Jahresplanung bedeutet. Aus der Perspektive der Lehrpersonen ist ein weiterer Grund die langfristige Arbeitserleichterung, die diese Form von Unterricht mit sich bringt. Zwar werden in der Informatik immer wieder neue Inhalte mit in die Planung aufgenommen, es gibt aber Themen, die absehbar im kommenden Durchgang so oder ähnlich erneut behandelt werden. Eine in Klasse 5 unterrichtende Kollegin wird vermutlich auch im folgenden Jahr eine Lerngruppe der Stufe 5 unterrichten – in den meisten Kollegien ist die Anzahl an Informatiklehrkräften ja sehr begrenzt. Man wird also vermutlich immer wieder in den gleichen Jahrgangsstufen mit dann sehr ähnlichen Inhalten eingesetzt. Die Hürde ist anfangs sehr hoch, weil zu Beginn der Reihe so gut wie alles an Material vorbereitet sein muss. Im nächsten Durchgang lässt sich dann aber auf die wahrscheinlich in einigen Zügen angepasste Reihe mit verbessertem Material zurückgreifen. Außerdem gibt es auch hier viele brauchbare Hilfen auf dem Markt, die die Planung erleichtern. Während des Projekts hat die Lehrkraft dann den Rücken frei, den Schülerinnen und Schülern beim Denken, Diskutieren und Arbeiten zuzusehen – das eröffnet auch der Lehrperson neue Perspektiven und Ruhe, sich um einzelne Schülerinnen und Schüler zu kümmern.

Ein Projekt kann eine Kursarbeit ersetzen. Die Bewertung kann sich dann nicht nur auf das Produkt, sondern auch den Prozess stützen und viele der genannten für die Informatik wichtigen Kompetenzen mit einbeziehen.

Die Projektarbeit ist auch näher an der Arbeit „echter" Informatikerinnen und Informatiker. Hier lässt sich viel von dem üben, was im Arbeitsleben nicht nur von Informatiker/-innen eine Rolle spielen wird: genaue Planung, sinnvolle Zeiteinteilung, Orientierung auch an Zwischenzielen, ggf. Anpassung der Projektziele, eventuell Dokumentation und Präsentation, Absprachen mit anderen und einiges mehr.

Die wichtigsten Argumente tauchen aber auf, wenn man sich anschaut, welche Vorteile Projekte für die Schülerinnen und Schüler haben. Da ist zunächst der deutlich höhere Freiheitsgrad, den Projekte ermöglichen. Natürlich lassen sich Projekte auch kleinschrittig planen und durchführen mit genauen Arbeitsanweisungen und klar definierten Ansprüchen für Zwischenziele, die manchmal den Stunden entsprechen; dann lässt sich aber nur noch bedingt von Projektarbeit sprechen. Wenn Schülerinnen und Schüler Freiraum bekommen und Entscheidungen treffen können, dürfte auch die Motivation steigen. Mit der Wahl an Freiheiten einher geht auch die Möglichkeit der Differenzierung, die die Lernenden selbst durch die Schwerpunkte wählen können.

Die Freiheit ermöglicht auch Kreativität, die in wenigen anderen Fächern und bei enger geplanten Stunden kaum trainiert werden kann und die nicht nur für die Informatik wichtig ist. Mit der Freiheit steigt auch die Verantwortung und damit das Risiko zu scheitern. Dies wird man für jüngere Schülerinnen und Schüler gering halten wollen. Für etwas ältere kann es ausgesprochen lehrreich sein, gesteckte Ziele nicht zu erreichen und ein weniger gutes Ergebnis abzuliefern, wenn der Grund für das Scheitern angemessen reflektiert wird und eine Chance besteht, bei einem weiteren Projekt die erkannten Fehler nicht zu wiederholen.

Für Projekte eignen sich Umgebungen, die nach dem Prinzip ...

- *low floor* (leichter Einstieg),
- *wide walls* (verschiedene Zugangsweisen),
- *high ceiling* (nach oben offen)

gestaltet sind. Diese bieten viel Freiraum, versuchen aber ein Scheitern zu verhindern. Entsprechende Ansätze werden beispielsweise mit der Programmierumgebung Scratch (Software) und dem Mikrocontroller Calliope Mini (Hardware) verfolgt. Beiden ist gemein, dass sie nach einer allgemeinen Einführung relativ leicht eigenständig erarbeitet werden können. Sie bieten zahlreiche Möglichkeiten, die nach Interessen der Lernenden zu entdecken sind.

Als Checkliste für ein Projekt können folgende Fragen dienen:

- Welches Ziel/welche Ziele sollen erreicht werden?
- Wie soll das Ergebnis konkret aussehen?
- Muss etwas dokumentiert werden – und wenn ja, in welcher Form?
- Wie viele Stunden stehen zur Verfügung und welche Reserven sind möglich?
- Gibt es Zwischenziele, wie und von wem werden sie überprüft?
- Welche Hilfen sind notwendig? Wie kann Hilfe institutionalisiert werden?
- Lässt sich ein Hilfesystem unter den Lernenden einführen? Gibt es eine Anerkennung für die Helfenden?

Konkretere Beispiele und Anregungen zu Projekten finden sich in den Kapiteln zu Scratch (4.1) und HTML (4.3).

Unterrichtsbeispiele

4

Im folgenden Kapitel sollen zwei im Informatikunterricht bewährte Softwarewerkzeuge (Scratch, Kara) und ein Standardthema (Erstellung von Webseiten mit HTML) vorgestellt werden. Alle drei sind aktuell und zum Teil schon länger bewährte Inhalte des Informatikunterrichts. Wo es sich anbietet, sind Hinweise zur Gestaltung einer Reihe oder eines Projektes angegeben. Eine gründliche fachliche Einführung kann an dieser Stelle nicht erfolgen, aber eine weitere selbstständige Einarbeitung sollte möglich sein.

4.1 Scratch

Mit den Anstrengungen, Kinder und Jugendliche an die Programmierung heranzuführen, hat es zahlreiche Versuche gegeben, die Einstiegshürde so niedrig wie möglich zu gestalten. Schnell erkannte man, dass die bloße Einführung in eine (textbasierte) Programmiersprache zu schwer und nicht interessant genug für die meisten Schülerinnen und Schüler ist. Auch die Motivation der Lernenden mit dem Auswendiglernen von Textbefehlen aufrechtzuerhalten, erwies sich als ausgesprochen schwierig.

Ein echter Meilenstein war die Erfindung von Logo u. a. durch Simon Papert Ende der 1960er-Jahre. Diese Programmiersprache war explizit für den Bildungsbereich entwickelt worden. Maßgeblich für den Erfolg dürfte die Einführung einer steuerbaren Figur gewesen sein, mit der auf einem Bildschirm „gezeichnet" werden konnte. Durch die Aneinanderreihung weniger Befehle ließen sich mit dieser Figur schnell z. B. geometrische Formen auf den Bildschirm zaubern. Dies ließ sich durch Schleifen automatisieren, sodass die Lernenden schon ein Gefühl für die Vorteile einer Programmierung entwickeln konnten. Weitere Hinweise finden sich im Kapitel zu empfehlenswerter Software (9.2).

Die kindgerechte Gestaltung führte dazu, dass Logo als Programmiersprache lange Zeit nicht ernst genommen wurde. Ein Schicksal, das auch andere Folgeprogrammierumgebungen teilen, die sich besonders um Zugänglichkeit bemühten.

Eine solche ist das kostenlose 2007 veröffentlichte, u. a. auf Logo aufbauende Scratch. Es wurde von einer Forschungsgruppe am Massachusetts Institute of Technology (MIT) Media Lab entwickelt. Die Programmierumgebung kann mit Einschränkungen schon in der Grundschule eingesetzt werden und noch am Ende der Sekundarstufe I arbeiten viele Jugendliche gerne damit.

Scratch ist eine visuelle Programmierumgebung. Typisch für diese ist, dass keine Befehle gelernt und getippt werden müssen, sondern aus einer Auswahl der benötigte grafische Programmierbaustein ausgesucht werden kann. Bausteine können durch Drag-and-drop zusammengefügt werden. Die Programmierung wird auch dadurch erleichtert, dass nur solche Bausteine kombinierbar sind, die sinnvoll kombiniert werden können. Zahlreiche Einstiegshürden werden damit verhindert. Befehle und Syntax einer Programmiersprache müssen die Lernenden nicht beherrschen, vieles lässt sich durch reines Ausprobieren herausfinden. Die Lernenden können außerdem aus einem großen Fundus von Figuren wählen, diese verändern oder eigene entwickeln. Dies alles kommt dem Spieltrieb und Entdeckerdrang kindlicher und jugendlicher Lernender sehr entgegen.

Die Möglichkeiten von Scratch sind sukzessive erweitert worden, sodass sich recht schnell kleine Spiele entwickeln oder abwechslungsreiche Geschichten erzählen lassen. Trotz dieser leichten Zugänglichkeit lassen sich zahlreiche unterschiedliche Programmierkonzepte (objektorientiert, imperativ, ereignisbasiert) anwenden und auch in eine parallele Programmierung einführen. Was bedeuten diese Konzepte?

Der imperative Ansatz hat eine lange Tradition. Vereinfacht gesagt geht es darum, einzelne Befehle aneinanderzureihen. Diese werden in genau der Reihenfolge ausgeführt, in der sie programmiert worden sind. Die Befehle müssen für alle im Programm zu steuernden Elemente einzeln angegeben werden.

Mit dem objektorientierten Ansatz gibt man z. B. den Figuren alles mit, was sie „benötigen". Eine Maus bekommt die Möglichkeit, sich zu bewegen und Käse einzusammeln, eine Katze bekommt die Fähigkeit, die Maus zu „sehen", sich in ihre Richtung zu bewegen und diese ggf. zu fressen. Damit können die Objekte Maus und Katze interagieren. Die Programmierung wird also dynamischer.

Der ereignisbasierte Ansatz lässt nicht nur Objekte miteinander interagieren, sondern löst Aktionen unter bestimmten Bedingungen aus. Dies ist auch im oben skizzierten objektorientierten Ansatz der Fall, muss aber nicht enthalten sein. Mit dem Ereignis „Maus berührt Käse" verschwindet dieser und die Maus reagiert vielleicht darauf, indem sie „Lecker!" sagt. Ein anderes Beispiel wäre, dass eine Figur den Rand des Spielfeldes berührt und damit ein anderes Ereignis auslöst, z. B. ein anderer Hintergrund geladen wird.

Mit jüngeren Schülerinnen und Schülern wird man in die Tiefe der unterschiedlichen Programmierkonzepte nicht einsteigen müssen, für die

Lehrkraft kann es aber interessant sein, diese zu kennen und ggf. Besonderheiten kenntlich zu machen.

Der große Vorteil ist, dass die Konzepte verwendet und zum Teil völlig selbstständig von den Lernenden benutzt werden können, ohne dass diese theoretisch eingeführt worden sind. Damit wird der häufig im Informatikunterricht beschrittene Weg, erst Konzepte zu erklären und danach anzuwenden, umgekehrt. Die Lernenden bekommen mit Scratch schon einen Eindruck von einem Konzept, bevor sie dies theoretisch durchdringen.

Es sei noch ein weiterer Vorteil genannt: Scratch kann auf den Schulrechnern installiert werden, läuft aber auch online im Browser, ist also ohne Installation auch auf Tablets problemlos zu nutzen. All dies dürfte die hohe Popularität von Scratch im Bildungsbereich bis hinunter in die Grundschule erklären.

4.1.1 Die Arbeit mit Scratch – konkret

In der linken schmalen Spalte sind die Befehle systematisiert zu sehen, also ob sich Aussehen verändern oder Anweisungen gegeben werden sollen. Direkt daneben sind die möglichen Befehle einzeln aufgelistet. Aus diesen kann man wählen, um im Programmierbereich rechts davon Befehlsblöcke zusammenzustecken. Dabei kennzeichnen unterschiedliche Farben die logische Zugehörigkeit z. B. zur Gestaltung von Aussehen oder Klang einerseits, andererseits aber auch die allgemeine Steuerung des Programms und Anweisungen für die Figuren. Rechts oben ist die „Bühne" zu sehen, auf der das geschriebene Programm ausgeführt wird.

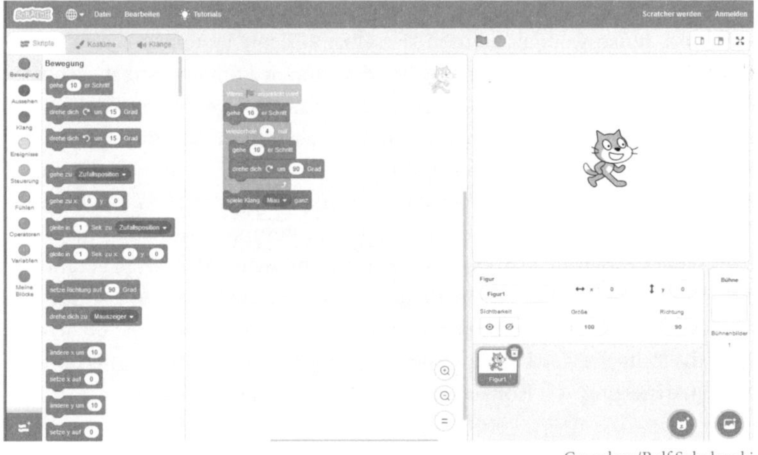

Cornelsen/Rolf Sobolewski

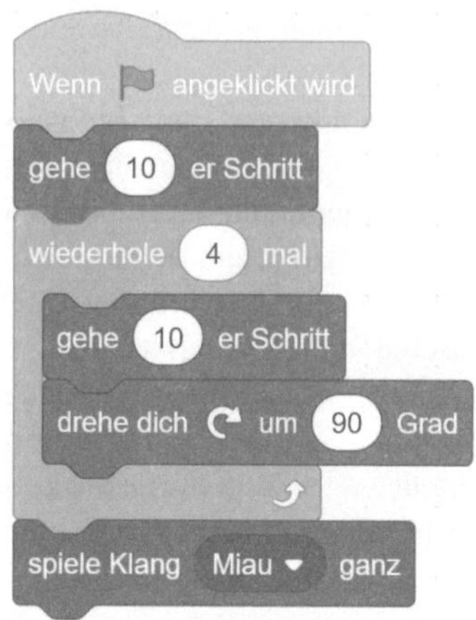

Cornelsen/Rolf Sobolewski

Unter der Bühne können unterschiedliche Figuren oder Objekte ausgewählt und bearbeitet werden. Das Beispielprogramm macht Folgendes: Wenn die grüne Fahne angeklickt wird, geht die Figur einmal 10 Pixel in Blickrichtung. Anschließend wiederholt sie viermal den Befehl, 50 Pixel in Blickrichtung zu gehen und sich danach um 90 Grad zu drehen. Sie schreitet ein Quadrat ab. Abschließend wird eine Sounddatei mit einem „Miau" abgespielt.

Man erkennt, dass ein Startbefehl für die Spielfigur erteilt werden muss. Außerdem lässt sich an den Einkerbungen erkennen, wie die Blöcke ineinandergesteckt werden können. Im Grunde nebenbei wird das Konzept der Zählschleife eingeführt. Auch das Zusammenspiel von Schleife und Anweisungen sollte schon erkennbar sein.

Ein entscheidender Unterschied zur Einführung in eine textuelle Programmiersprache ist, dass die Lernenden auch völlig ohne Instruktion informatische Konzepte ausprobieren und kennenlernen können. Der spielerische Charakter steht so sehr im Vordergrund, dass die Lerngruppe im Idealfeld gar nicht merkt, wie sie lernt.

Damit ist aber auch schon ein Nachteil angedeutet. Je jünger die Lernenden sind, umso weniger werden sie selbst auf eine systematisierende Einordnung der angewendeten Konzepte kommen können. Selbst wenn sie selbstverständlich z. B. unterschiedliche Schleifentypen verwenden, ist nicht gesichert, dass sie benennen können, worin genau der Unterschied liegt und für welche Zwecke sich welche Schleife am besten eignet. Die bloße Nutzung informatischer Konzepte garantiert ja nicht deren Verständnis. Bei der textbasierten Programmierung wird häufig das Konzept eingeführt und dann am Beispiel veranschaulicht. Dieser gerade für Programmieranfänger/-innen deutlich zähere Zugang hat allerdings den Vorteil, die Systematisierung gleich mitzuliefern. Bei der Arbeit von Scratch liegt die Aufgabe der Lehrkraft also eher in der Bewusstmachung und der Systematisierung von Konzepten als in der Vermittlung dieser.

4.1.2 Scratch ist vielseitig verwendbar

Es lassen sich unterschiedliche Ansätze wählen:

Relativ einfach ist es, Animationen zu erstellen, die ohne Nutzereingaben ablaufen und in irgendeiner Form hervorstechen. Im Vordergrund steht eher die Kombination visueller und ggf. akustischer Effekte.

Etwas anspruchsvoller ist es, eine Geschichte zu erzählen. Dafür werden mehrere Figuren vor unterschiedlichen Hintergründen zusammengebracht und ein in der Regel chronologischer Handlungsablauf gespielt. Man kann z. B. eine an ein Märchen angelehnte Geschichte „nacherzählen". Eine Figur muss in der Auseinandersetzung mit anderen Figuren Herausforderungen meistern und Rätsel lösen, bevor sie am Ende an einem Ziel angelangt ist und die Geschichte zu einem Ende kommt. Für etwas ältere Kinder kann beispielsweise der nicht ganz ernst gemeinte Tagesablauf eines Schülers oder einer Schülerin visualisiert werden.

Sehr beliebt ist das Programmieren einfacher Spiele. Z. B. kann eine Figur zufällig auf der Spielfläche erscheinende Gegenstände einsammeln und muss gleichzeitig vermeiden, mit einer anderen Figur zusammenzustoßen (z. B. will Rotkäppchen Blumen pflücken und wird dabei vom bösen Wolf verfolgt). Hier lassen sich auch anspruchsvollere Konzepte wie der Umgang mit Variablen einüben. So kann gezählt werden, wie viele Blumen Rotkäppchen insgesamt pflücken konnte.

Mit Scratch können auch einige Mikrocontroller gesteuert werden, womit die reine Arbeit am Bildschirm erweitert wird auf die Steuerung realer Artefakte. So können z. B. Sensoren ausgelesen werden, um Hinweise ausgeben zu können.

Mittlerweile steht auch eine Bibliothek für maschinelles Lernen bereit, mit dem Jugendliche mit einigem Vorwissen an die Grundlagen künstlicher Intelligenz herangeführt werden können.

Nach der Möglichkeit zur Orientierung im Programm und Zeit zur Klärung von Fragen kann relativ früh angekündigt werden, dass einige Stunden zur Verfügung stehen, um eine aufwendigere Animation, eine Geschichte oder ein Spiel zu entwickeln. Herausfordernd für die Lernenden dürfte sein, dass vor dem Beginn eine Planungsphase eingeschoben werden muss, in der Anforderungen und Details des Projektes abgestimmt werden. Um über eine Anwenderschulung der Software Scratch hinauszugehen und informatisch zu arbeiten, sollte ein Anforderungskatalog erstellt werden und möglicherweise auch eine Reihenfolge der Arbeitsschritte vorläufig festgelegt werden. Wie kann das aussehen?

Die Lehrkraft kann z. B. folgende Vorgaben machen:

- Erstellung einer Animation. Eine Animation ist das am schnellsten umzusetzende Programm. Die meisten Aktionen sind unabhängig von Nutzereingaben, der Verlauf weitgehend festgelegt. Es müssen also weniger Ereignisse abgefragt und zum Teil kann mit einem Timer gearbeitet werden, der Änderungen nach einer vorgegebenen Zeit durchführt. Eine Aufgabe kann so lauten:

> Erstelle einen Werbefilm (z. B. zur Vermeidung von Müll, Einsparung von Energie), in dem mindestens drei Figuren vorkommen. Zwei von diesen müssen auf Aktionen einer anderen Figur reagieren. Der Nutzer oder die Nutzerin sollte die Gelegenheit haben, z. B. über Maus- oder Tastatureingabe Ereignisse auszulösen, auf die mindestens eine Figur reagieren kann. Baue mindestens einen passenden Wechsel der Bühne (Bildschirmhintergrund) ein. Benutze mindestens eine Schleife.

- Eine solche Aufgabe kann natürlich nur dann gegeben werden, wenn alle Begriffe wie Schleife oder Figur/Objekt geklärt und angewendet worden sind. Animierte Geschichte oder Point & Click-Adventure. Hier folgt der Ablauf einem vorgegebenen Skript, das heißt, es gibt Aufgaben zu erledigen und ggf. Rätsel zu lösen, die das Geschehen voranbringen. Für jüngere Schüler/-innen bietet sich eine märchenhafte Geschichte an, die der Nutzer oder die Nutzerin nachspielen kann. Diese kann aufwendiger gestaltet werden, wenn der Spieler/die Spielerin mehr Eingriffsmöglichkeiten erhält, die Figur also gezielt an bestimmte Orte oder zu einzelnen Figuren steuern kann, bei denen es zu weiteren Interaktionen (gesammelte Gegenstände oder Informationen) kommt. Möglich ist auch, eine zu bestehende Herausforderung als Minispiel in die Geschichte zu integrieren. Eine Aufgabe kann so lauten:

> Plane eine Geschichte, in der mindestens fünf Figuren (handelnde Objekte) vorkommen. Die spielende Person soll eine Figur steuern, die unterschiedliche Aufgaben löst. Zu Beginn muss der Nutzer/die Nutzerin wichtige Informationen bekommen (Was soll ich tun? Wie funktioniert die Steuerung?) Eine der Aufgaben kann ein Rätsel sein, das eine andere Figur aufgibt. Eine weitere Aufgabe kann ein kleines Geschicklichkeitsspiel sein, das die Spielerfigur bestehen muss, z. B. hüpfen, ausweichen, sich bewegende Gegenstände berühren. Du benötigst mindestens drei verschiedene Hintergründe, z. B. wenn sich der Spieler/die Spielerin an einen anderen Ort begibt. Mindestens eine Figur muss das Kostüm wechseln, z. B. wenn ein bestimmtes Ereignis eintritt. Benutze mindestens eine Zählschleife und mindestens eine Verzweigung. Außerdem muss eine Figur auf ein eintretendes Ereignis reagieren.

- Ein (Geschicklichkeits-)Spiel. Hier ist die Gestaltung der Spielumgebung etwas wichtiger und aufwendiger, weil die Spielfigur auf ihre sich verändernde Umwelt reagieren muss. Es muss also der Hintergrund und eventuelle statische und flexible Hindernisse eingebaut werden und die Steuerung der Figur ist zu entwerfen. Außer Richtungswechseln ist vielleicht noch springen, ducken und eine Änderung der Geschwindigkeit zu bedenken.

Zahlreiche Anregungen bietet die Webseite von Scratch des MIT (Massachusetts Institute of Technology). Auf dieser lassen sich fertige Projekte anderer Schülerinnen und Schüler ansehen. Mit diesen erhält man schnell einen Eindruck von den Möglichkeiten des Programms. Von den eigenen Schüler/-innen erstellte Projekte können nach Abschluss ebenfalls hochgeladen werden. Die Webseite bietet unter dem Reiter „Ideen" auch kindgerechte Tutorien, mit denen sich Programmfunktionen direkt online selbstständig erlernen lassen. Vorlagen zum Ausdrucken von Anleitungen erlauben auch die Arbeit ohne Internetzugang – allerdings muss Scratch dann installiert worden sein.

Es gibt weitere Angebote, auch für Lehrkräfte auf der Webseite, die Zusammenarbeit und Austausch unterstützen. Dadurch, dass das Programm schon recht lange betreut wird, sind viele Angebote ausgereift.

Es gibt zahlreiche Anregungen für den Unterricht im Netz. Sehr gelungen ist z. B. das Angebot der Pädagogischen Hochschule Schwyz, herausgegeben von Hielscher und Honegger unter dem Titel „Scratch Projektideen".

4.1.3 Alternativen

Es gibt zahlreiche Alternativen zu Scratch, die sich teilweise an eine völlig andere Zielgruppe wenden. Wichtige Beispiele sind:

- Programmierumgebung der Maus
- ScratchJr
- Snap!
- Blockly
- MIT App-Inventor

Details zu den Programmen finden sich im Kapitel zu empfehlenswerten Medien/Programmen.

4.2 Kara

Seit den frühen 1980er-Jahren werden im Informatikunterricht Figuren in einer zweidimensionalen Welt durch die Eingabe von Befehlen zu einem bestimmten Ziel gesteuert. Auf dem Weg zu diesem Ziel sind Hindernisse zu erkennen, auf diese zu reagieren und unterschiedliche Aktionen auszuführen. Allein die Fülle der zur Verfügung stehenden Programme (z. B. Niki, Karol, Kara, Hamster, Greenfoot Wombat-Szenario) scheint nahezulegen, dass diese Art von Lernumgebung besonders für den Informatikunterricht geeignet ist. Da auch manche der Lernumgebungen mit einer eigenen Programmiersprache daherkommen, scheint offensichtlich, dass Programmieranfänger/-innen mit dieser Umgebung ans Programmieren herangeführt werden können. Aber was genau macht diese Lernumgebungen so interessant für den Informatikunterricht? Das Setting kann es doch eigentlich nicht sein, denn wozu sollte man für eine Figur ein Programm schreiben, das ein Problem löst, das jedes Kind mit einem Blick auf den Monitor ohne große Denkanstrengung lösen kann?

Es ist „computational thinking“ (Wing, J. 2006, S. 33), das aufdecken kann, wie Menschen Probleme lösen. Man muss eine Aufgabe so bearbeiten, dass selbst eine „Maschine“ (dargestellt durch die zu steuernde Figur) sie lösen kann. Dabei werden fundamentale Fähigkeiten geschult, die typisch für die Informatik und nützlich für die alltägliche Problembewältigung sind. Damit gemeint ist z. B. die Lösung eines Problems von dessen Ende her zu denken, große und zunächst kaum lösbar erscheinende Probleme in kleinere und leichter lösbare Teilprobleme zu zerlegen, diese zu bewältigen und damit das Gesamtproblem zu lösen, Lösungsstrategien zu entwerfen, diese anzuwenden, zu testen und zu optimieren; und das alles funktioniert nur, wenn man logisch vorgeht. All das kann mit einigen der Programme auch geleistet werden.

Wie sieht das konkret aus? Als Beispiel sei hier mit Kara, einem programmierbaren Marienkäfer gearbeitet. Das Programm empfiehlt sich auch deswegen, weil es kostenlos ist, als Javaprogramm auf jedem Computerbetriebssystem laufen sollte, gute und sinnvolle Aufgaben integriert hat und Testumgebungen sowie Lösungen für die Lehrperson mitbringt. Durch die Wahl des Marienkäfers als zu steuernder Figur spricht es auch weniger technikaffine Schüler/-innen mehr an als ein Bauarbeiter oder ein Roboter. Die ersten Aufgaben sind schon ab Klasse 5 zu lösen, die anspruchsvolleren können auch Oberstufenschüler/-innen herausfordern.

Die Steuerung funktioniert, ohne Code auswendig lernen zu müssen durch einfaches Anklicken und Kombinieren von Anweisungen. Kara kann nur einige Befehle ausführen, einen Schritt in Blickrichtung gehen, sich nach rechts oder links drehen und jeweils ein Kleeblatt ablegen oder aufheben und einen Pilz schieben.

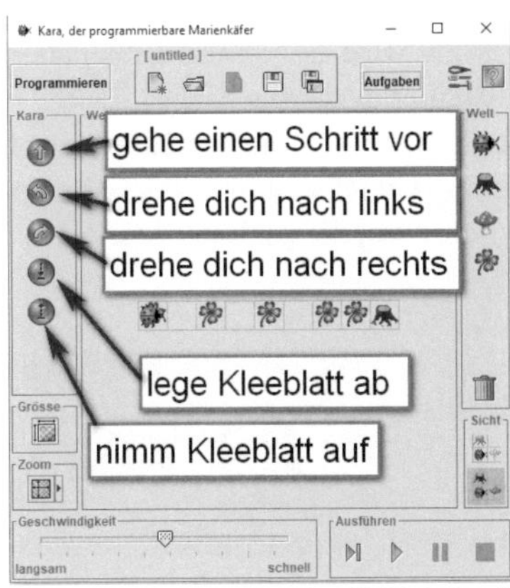

Cornelsen/Rolf Sobolewski

Die Einarbeitungszeit ist kurz und in der Mittelstufe problemlos zu bewerkstelligen. Jüngere Schülerinnen und Schüler müssen zu Beginn genauer angeleitet werden. Dies liegt vor allem an der sinnvollen, aber nicht intuitiven Trennung von Programmier- und Ausführbereich; außerdem muss die Funktion der Sensorbibliothek erläutert werden. Das alles geht schnell, stellt für jüngere Schüler/-innen aber eine Anfangshürde dar.

Kara verfügt über Sensoren, mit denen sie feststellen kann, ob sie vor oder neben einem Baum oder auf einem Blatt steht. Mit der Nutzung der Sensoren und der Kombination von Abfragen, welche Bedingungen erfüllt sind, kann Kara ein intelligent scheinendes Verhalten anprogrammiert werden.

4.2.1 Programmieren mit Kara

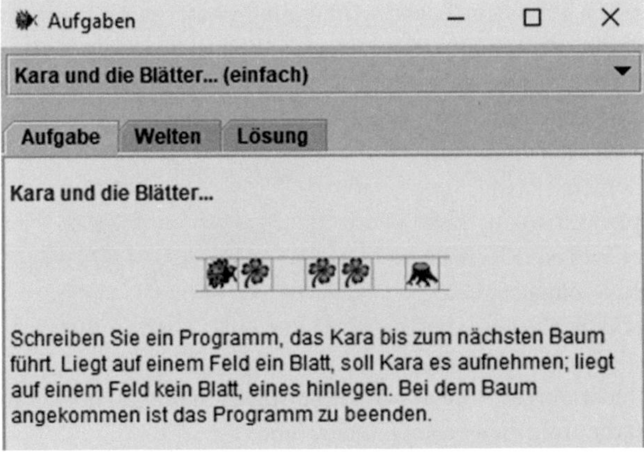

Cornelsen/Rolf Sobolewski

Die erste vom Programm vorgeschlagene Aufgabe lautet wie folgt:

> Schreiben Sie ein Programm, das Kara bis zum nächsten Baum führt. Liegt auf einem Feld ein Blatt, soll Kara es aufnehmen; liegt auf einem Feld kein Blatt, eines hinlegen. Bei dem Baum angekommen, ist das Programm zu beenden.

Die Aufgabe wirkt leicht lösbar, interessant wird es, wenn man genauer plant und beim Testen auf Probleme stößt. Aber der Reihe nach.

Am Beginn steht die Problemanalyse. Offensichtlich müssen zwei Probleme gelöst werden. Blätter aufheben oder ablegen und vor dem Baum stehenbleiben. Dafür benötigt man zwei Sensoren, die aus einer Sensorbibliothek gewählt werden müssen.

Mit diesen Sensoren lässt sich abfragen, ob Kara auf einem Blatt oder vor einem Baum steht. Dazu zieht man sie aus dem rechten Feld der Sensorbibliothek in das Feld links, das „Benutzte Sensoren" genannt ist und kann nach Klick auf den grünen Haken mit beiden Sensoren arbeiten. Außerdem benennt man den Zustand sinnvoll – hier „findeBaum".

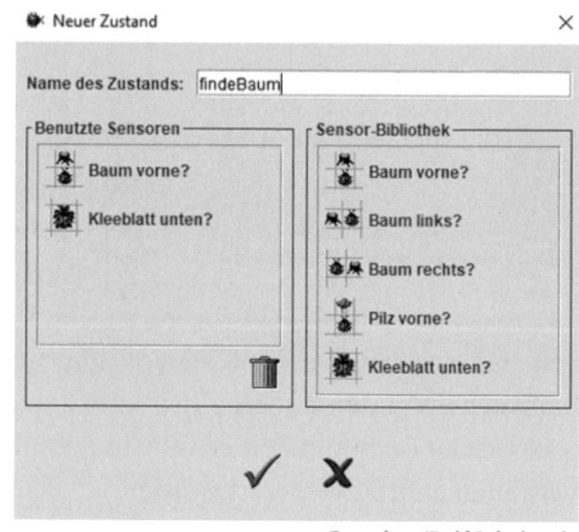

Cornelsen/Rolf Sobolewski

Häufig schlagen Schülerinnen und Schüler Lösungen vor, die von der Startsituation ausgehen. Zuerst wird dann geprüft, ob Kara auf einem Blatt steht und dann ein Schritt vor gegangen. Erst später folgt die Prüfung, ob Kara vor einem Baum steht.

Das führt bei einer Startsituation wie auf dem Bild zu Problemen. Passt man die Beispielwelt so an, dass auf jedem Feld ein Kleeblatt liegt, wird es einige Schülerinnen und Schüler geben, die den Sensor „Kleeblatt unten?" nicht nutzen, weil er für die Beispielsituation nicht gebraucht wird – obwohl die Aufgabenstellung anders lautet.

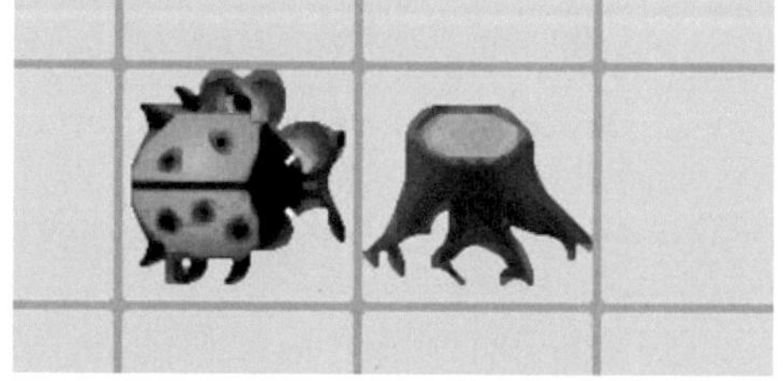
Cornelsen/Rolf Sobolewski

Nur wenn alle vier Kombinationsmöglichkeiten ...

- Baum vorne, Kleeblatt unten?
- Baum vorne, kein Kleeblatt unten?

- kein Baum vorne, Kleeblatt unten?
- kein Baum vorne, kein Kleeblatt unten?

berücksichtigt werden, funktioniert das Programm auch für alle möglichen Fälle, z. B. auch für den abgebildeten Fall, dass Kara schon zu Beginn direkt vor einem Baum steht. Hieran lässt sich gut lernen, dass die Problemstellung vollkommen verstanden und durchdacht sein muss. Auch die Notwendigkeit, verschiedene (idealerweise alle) Anwendungsfälle zu bedenken und zu testen, wird hier deutlich.

Cornelsen/Rolf Sobolewski

Zum Programm sei noch erläutert, dass nach der Abfrage der Sensordaten (Steht Kara vor einem Baum oder auf einem Blatt?) angegeben sein muss, was als nächstes geschehen soll, also was der nächste „Zustand" (bzw. die nächste Anweisung) sein soll. Die erste Zeile des Programms liest sich dann so: „Wenn Kara vor einem Baum und auf einem Blatt steht, soll sie das Blatt aufheben und dann das Programm stoppen."

Den Lernerfolg unterstützt die Möglichkeit, sein Programm an unterschiedlichen „Welten" testen zu können. Wie erwähnt, lösen Schülerinnen und Schüler oftmals genau das Problem, das abgebildet ist und nicht die allgemeinere Aufgabestellung. Beim Test mit anderen „Welten" kann überprüft werden, ob die Problemstellung in Gänze erfasst und gelöst worden ist oder ob sich die Lernenden nur an dem orientieren, was sie bildlich vor Augen haben.

Cornelsen/Rolf Sobolewski

Wie gezeigt, können schon an der ersten Aufgabe Strategien entwickelt werden, die bei einer Problemlösung (auch außerhalb des Informatikunterrichts) gebraucht werden können:

- Kläre, worin genau das Problem besteht,
- kläre, was genau zur Lösung des Problems benötigt wird,
- prüfe, ob sich das Problem in kleinere Probleme zerlegen lässt, die einfacher zu lösen sind,
- prüfe, ob die Teilprobleme in einer logischen Abhängigkeit stehen (hier: nur so lange Blätter aufheben oder ablegen, bis Kara vor einem Baum steht) und
- kläre, wie sich überprüfen lässt, ob die gefundene Lösung alle sich aus dem Problem ergebenden Fälle abdeckt.

Natürlich hat man damit keinen Schlüssel auch zu einer universellen Problemlösung, dafür ist das Leben einfach zu komplex. Aber wenn Schülerinnen und Schüler Strategien erlernen, die ihnen bei einigen der Probleme helfen, die das Leben für sie bereithält, hat die Informatik einen wichtigen Beitrag im Kanon der allgemeinbildenden Fächer geleistet.

Das Abstraktionsvermögen kann geschult werden

Es sollte sich von selbst verstehen, dass die Lehrkraft vor allem die Problemlösungsstrategien thematisieren muss. Selbst wenn Schülerinnen und Schüler die Aufgaben lösen, werden sie die notwendigen Schritte zur Abstraktion und Verallgemeinerung nicht ohne Hilfe anstellen können.

Es sei noch auf die zweite Aufgabe verwiesen:

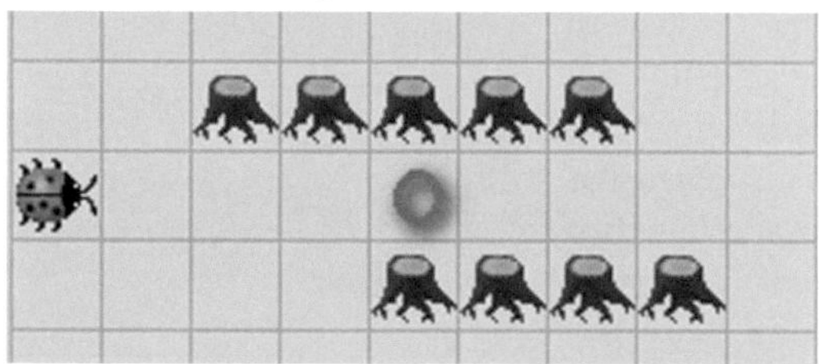

Cornelsen/Rolf Sobolewski

Kara sucht den Eingang eines geraden Tunnels (mit Kreis markiert). Schreiben Sie ein Programm, das ihn auf dem ersten Feld im Tunnelinneren anhalten lässt. Aber Achtung: Manche Tunnels haben zunächst eine einseitige Wand, manche links, manche rechts.

Wieder beginnt man am besten am Ende. Kara soll so lange vorwärts gehen, wie kein Baum rechts **und** kein Baum links von ihr ist. Viele Schülerinnen und Schüler lassen Kara zunächst vorwärts gehen und prüfen erst danach die Anwesenheit von Bäumen. Oder sie lösen das Problem nur für das abgebildete Beispiel und kommen zu folgender Lösung:

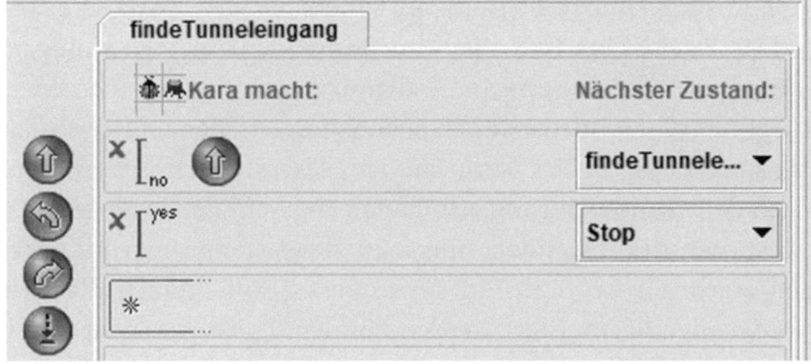

Cornelsen/Rolf Sobolewski

Kara stoppt, sobald rechts ein Baum auftaucht, ob links ein Baum steht, wird nicht geprüft. Obwohl die Aufgabenstellung explizit darauf hinweist, überwiegt der Eindruck des Beispielbildes und viele Schüler-/innen konzentrieren sich nur auf eine Baumseite. In diesem Fall ist es gut, wenn die Problemlösungsstrategien zu Aufgabe 1 gründlich genug besprochen wurden. Durch einen Verweis auf diese sollte eine Optimierung des Programms leicht möglich sein.

Mit beiden Sensoren (Baum links?/Baum rechts?) ist die Aufgabe leicht und schnell zu lösen. Etwas anspruchsvoller wird sie, wenn sie erweitert wird, sodass Kara nicht den Tunneleingang, sondern den Ausgang finden

Cornelsen/Rolf Sobolewski

soll. Im Programm ist das „Kara, der Tunnelsucher II“. Hier muss die Strategie, ein Problem in Teilprobleme zu zerlegen, angewendet werden. So trivial es klingt, aber der Tunnelausgang kann natürlich erst gefunden werden, wenn zuvor der Tunneleingang erkannt wurde. Auch dies stellt manche Schülerin und manchen Schüler vor ein Problem, weil diese nur das

Problem, den Tunnelausgang zu finden, vor Augen haben. Sobald das Hauptproblem in die beiden genannten Teilprobleme zerlegt worden ist, ist auch diese Lösung simpel: Es muss mit einem zweiten Zustand gearbeitet werden. Der zweite Zustand, hier „Ausgang“ genannt, wird aufgerufen, sobald der erste Zustand („Eingang“) abgeschlossen wurde. Neben der Problemzerlegung ist hier offensichtlich auch vonnöten, den logischen Zusammenhang zu erkennen („Der Tunnelausgang lässt sich erst finden, wenn die Suche nach dem Tunneleingang erfolgreich abgeschlossen worden ist.“).

Der Anspruch der folgenden Aufgaben steigt stetig. Je gründlicher die Strategien erarbeitet worden sind, umso besser sollten auch die weiteren Herausforderungen gemeistert werden können. Es ist gar nicht nötig, alle weiteren Aufgaben zu lösen; diese stellen teilweise auch für Studierende der Informatik eine harte Nuss dar. Sie trainieren aber die genannten Fähigkeiten auf immer höherem Niveau. Es liegt dann im Ermessen der Lehrkraft, bis zu welchen Aufgaben sie mit dem Kurs kommen möchte und welche vielleicht den schnellen Schülerinnen und Schülern als Herausforderung und zur Differenzierung überlassen werden können.

Eigene Aufgaben sind leicht zu erstellen. Beispielsweise kann Kara als Scanner für zweistellige Dualzahlen programmiert werden.

Kara sollte erkennen, welche Dualzahl vor ihr mit Kleeblättern gestaltet ist. Ganz oben liegen keine Kleeblätter, das entspricht 00, also der Dezimalzahl 0, darunter findet sich die Kombination keine Kleeblattreihe/Kleeblattreihe. Als Dualzahl wäre das 01, Dezimal 1. Im dritten Beispiel von oben folgt auf eine Kleeblattreihe keine zweite, was der Dualzahl 10 und der Dezimalzahl 2 entspricht. Im untersten Beispiel stößt Kara auf zwei Kleeblattreihen, Dual 11, Dezimal 3.

Folgendes sollte deutlich geworden sein: Das Programm hat eine niedrige Einstiegshürde, hält aber auch sehr anspruchsvolle Aufgaben bereit und lässt sich so auf unterschiedlichen Niveaus bis in die Oberstufe oder binnendifferenziert nutzen. Einige Probleme textorientierter Programmierung lassen sich vermeiden. Es ist kostenlos, läuft auf unterschiedlichen Plattformen und ist genderneutral. Außerdem ist das Programm nützlich, weil es nicht nur innerinformatische Problemlösungsstrategien vermitteln kann, sondern Fertigkeiten schult, die sich zumindest teilweise auf Herausforderungen des Lebens übertragen lassen.

00
01
10
11

Cornelsen/Rolf Sobolewski

4.2.2 Alternativen

Auch an den eingangs erwähnten Alternativen sowie an ähnlich gelagerten Programmen lässt sich viel von dem lernen, was hier dargelegt wurde, z. B. an

- Karol (Details im Kapitel zu empfehlenswerter Software, 9.2)
- Wombat-Szenario bei Greenfoot; es bietet sehr ähnliche Möglichkeiten wie Kara, bereitet aber schon das textbasierte Programmieren in Java vor.

4.3 HTML

Zu den Standardthemen des Informatikunterrichts – vor allem in der Mittelstufe – gehört seit Jahren HTML (**H**yper**T**ext **M**arkup **L**anguage). Das ist kein Wunder, denn mit HTML lassen sich relativ leicht kleine Webseiten gestalten, es vermittelt schon einmal eine Ahnung vom Programmieren, ist sehr motivierend für Schülerinnen und Schüler und kann mit zahlreichen anderen Themen der Informatik verknüpft werden. Deswegen soll hier grob eine Reihe für die Sekundarstufe I entworfen werden

4.3.1 Rechtfertigung des Themas

Was kann man bei der Beschäftigung mit HTML lernen? Natürlich muss die Syntax der Sprache vermittelt werden. Eine weitere spontane Sammlung möglicher Unterthemen könnte eine Liste der folgenden Art hervorbringen:

- Geschichte des Internets und des World Wide Web (wichtig, um diffusen Vorstellungen wie WWW = Internet entgegenzuwirken)
- Netzwerke (wichtig, da hier die Verbindung von Informationen über die Grenzen des eigenen Rechners hinweg durchgespielt werden kann)
- Webstandards (wichtig, um zu verstehen, dass es in der Digitaltechnik so gut wie immer eine Auseinandersetzung darum gibt, wer bestimmt, welche Standards gelten sollen, eine Gruppe unabhängiger Fachleute oder Firmen, die eine beherrschende Marktposition haben)
- Der Softwareentwicklungsprozess (wichtig, um zu verstehen, dass es in der Informatik nicht um das einmalige Erstellen von Produkten geht, sondern oft darum, wie bestehende Systeme zu optimieren und an neue Herausforderungen anzupassen sind)
- Agiles Arbeiten (wichtig, um eine produktive Arbeitsweise kennenzulernen, die auch in der Informatik eine gewichtige Rolle spielt)
- Strukturieren von Inhalten (wichtig, um vorgegebene Inhalte passend aufbereiten zu können)
- Syntaktisch korrektes Arbeiten (wichtig, um auf späteres Programmieren vorzubereiten)

- Usability (wichtig, um zu lernen, die Bedürfnisse anderer Entwickler/-innen oder Nutzer/-innen zu berücksichtigen)
- Urheberrecht bei der Verwendung von Bildern (wichtig, um die Sensibilität im Umgang mit den Rechten anderer zu entwickeln)
- …

Wie im Eingangskapitel dargelegt, bieten die Fundamentalen Ideen eine gute Orientierung bei der Suche nach Inhalten oder Schwerpunkten einer zu planenden Reihe. Das Thema HTML ist dabei so weit gefasst, dass nur dieses den Anforderungen der Fundamentalen Ideen nicht gerecht werden kann. Aber Teilthemen lassen sich extrahieren und begründen.

Zum Beispiel allein das Zeitkriterium auf die Syntax von HTML angewendet zeigt, dass ein Unterricht, der sich auf Vermittlung von sprachtypischen Befehlen (Tags) von HTML beschränkt, nicht für einen allgemeinbildenden Informatikunterricht geeignet sein kann. Denn was haben Schülerinnen und Schüler schon davon, aktuelle Befehle einer „textbasierten Auszeichnungssprache", die in permanenter Weiterentwicklung begriffen ist, auswendigzulernen? Auch viele der genannten Unterthemen sind so kaum zu rechtfertigen. Bei genauerer Prüfung und Anwendung der Fundamentalen Ideen bleiben vor allem die Fähigkeit zur Strukturierung von Informationen und die Anpassung an die Interessen und Bedürfnisse von Nutzer/-innen bestehen. Diese beiden Themen spielen in verschiedenen Teilgebieten der Informatik eine Rolle (Horizontalkriterium), sind auf unterschiedlichen Niveaus zu vermitteln (Vertikalkriterium), haben eine lange Tradition und werden auch noch lange aktuell bleiben (Zeitkriterium), werden immer wieder optimiert und angepasst (Zielkriterium) und spielen im Leben der Schülerinnen und Schüler eine Rolle – oder sollten das zumindest (Sinnkriterium).

4.3.2 HTML als Strukturierungshilfe

Was ist dann aber mit der Syntax von HTML, dem „eigentlichen" Thema? Es wurde schon angedeutet, dass die Behandlung von „Befehlen" (Tags, es handelt sich eigentlich um Kennzeichnungen) allein den Ansprüchen an den Informatikunterricht nicht genügt. Eine Verknüpfung mit den beiden Themen, die sich als sinnvoll herausgestellt haben, leistet dies aber sehr wohl. Die Schülerinnen und Schüler wenden dann nicht Befehle an, sondern bereiten Informationen auf und strukturieren diese mithilfe von HTML. HTML ist dann also nicht Zweck, sondern Mittel, wesentliche Inhalte zu erlernen.

Wie sieht das konkret aus? Um mit einem einfachen Beispiel anzufangen: Ein etwas längerer Text besteht häufig aus einer Überschrift, mehreren Unterabschnitten, die mit einer eigenen Überschrift versehen sein können, vielleicht noch Nebentexten und Bildern. Schülerinnen und Schüler begegnen solchen Dokumenten sehr häufig als Leser/-innen, sie konsumieren für sie aufbereitete Texte. Verfassen sie diese selbst, zeigen sich häufig Probleme in der logischen Strukturierung allein durch eine ungeschickte Wahl an Absätzen. Wie groß die Hilfe für die Leserinnen und Leser ist, zeigt, folgendes Dokument, aus dem alle Textauszeichnungen entfernt wurden:

> Hypertext Markup Language Die Hypertext Markup Language (HTML) ist eine textbasierte Auszeichnungssprache. Das heißt, dass Textelemente in ihrer Funktion ausgezeichnet/gekennzeichnet werden. Ein Browser „liest" beim Aufruf die Befehle und stellt die Webseite entsprechend dar. Die Sprache wurde 1992 von Tim Berners Lee entwickelt. Es gibt unterschiedliche Befehle, die „tags" genannt werden. Typischerweise gibt es Überschriften erster und zweiter Ordnung, Absätze, Aufzählungen usw. Aktuell ist HTML 5.

Hier ist der gleiche Text mit Erläuterungen und Absätzen:

Text	Erläuterung
Hypertext Markup Language	Hauptüberschrift
Die Hypertext Markup Language (HTML) ist eine textbasierte Auszeichnungssprache. Das heißt, dass Textelemente in ihrer Funktion ausgezeichnet/gekennzeichnet werden. Ein Browser „liest" beim Aufruf die Befehle und setzt stellt die Webseite entsprechend dar.	Erster Absatz, Definition
Die Sprache wurde 1992 von Tim Berners Lee entwickelt.	Zweiter Absatz, Hinweis auf den Entwickler
Es gibt unterschiedliche Befehle, die *„tags"* genannt werden. Typischerweise gibt es Überschriften erster und zweiter Ordnung, Absätze, Aufzählungen usw.	Dritter Absatz, Anwendung
Aktuell ist HTML 5.	Vierter Absatz. Aktuelle Version

Der direkte Vergleich sollte verdeutlichen, wie sinnvoll und hilfreich eine Vorstrukturierung des Textes ist. Unter anderem für diese Vorstrukturierung ist HTML entwickelt worden. Die Arbeit des Entwicklers bzw. der Entwicklerin besteht also nicht im Anwenden von Befehlen, sondern im Auszeichnen (*markup*, dem M in HTML) bestimmter Textabschnitte. Und genau das muss in HTML gelernt werden. Ohne Verständnis der Struktur eines Textes kann dieser nicht passend markiert werden. Ist eine Überschrift eine weitere gleichberechtigte oder eine Unterüberschrift? Sind die folgenden Sätze logischer Bestandteil dieses Absatzes oder schon ein neuer Gedanke, erfordern also einen neuen Absatz? Ist dieser Punkt ein weiterer Aufzählungspunkt oder ein Unterpunkt?

Nun mag man vielleicht einwenden, dass das doch eher in den Bereich des Deutschunterrichts gehört als in den des Informatikunterrichts. Tatsächlich ist das, was landläufig als Arbeit von Informatikerinnen und Informatikern betrachtet wird, das Eintippen von Code, nur die handwerkliche Umsetzung einer zuvor gut durchdachten Modellierung. Die intellektuelle Herausforderung besteht in der Modellierung selbst. Ist diese vollständig und konsistent, dann ist die Codierung nur noch Handwerk, für das weit weniger Gehirnschmalz notwendig ist. Und so ist die Strukturierung der Information also die eigentliche Herausforderung in HTML, nicht das bloße Anwenden von *tags* (Textkennzeichnungen).

Um die Strukturierung einer Seite zu veranschaulichen, sei das Gerüst einer HTML-Datei schon einmal skizziert.

Im ersten Teil (*head*) finden sich alle Zusatzinformationen, die wichtig für die Darstellung sind, aber nicht angezeigt werden sollen. Im *body*-Bereich werden alle anzuzeigenden Inhalte angegeben und „ausgezeichnet", also die Seitenüberschrift mit h1, Unterüberschriften mit h2, h3 etc, Absätze (p) und eine Aufzählung (ul, li). Wichtig zu erkennen ist die „Klammerung"; das Dokument beginnt und endet mit dem Hinweis auf html, der Kopfbereich mit *head* und der anzuzeigende Bereich mit *body*. Gleiches gilt für die Absätze und die Aufzählung.

```
<html>
  <head>
    <title>Titel der Webseite </title>
      <!-- Evtl. weitere Angaben> -->
    </head>
  <body>
    <h1>Beispielseite</h1>
      <h2>Überschrift für ersten Absatz</h2>
        <p> Beliebiger Text, erster Absatz</p>
        <p> Beliebiger Text, zweiter Absatz</p>
      <h2>Überschrift für zweiten Absatz</h2>
        <p> Beliebiger Text, dritter Absatz</p>
      <h2>Überschrift für vierten Absatz</h2>
        <p> Beliebiger Text, vierter Absatz
```

```
      <ul>
        <li>1. Punkt einer Aufzählung</li>
        <li>2. Punkt einer Aufzählung</li>
        <li>3. Punkt einer Aufzählung</li>
      </ul>
    </p>
    <p> Beliebiger Text, fünfter Absatz</p>
    ...
  </body>
</html>
```

Die Struktur des Dokuments wird also durch die Kennzeichnung verdeutlicht, die Lesbarkeit deutlich erhöht und das Verständnis vereinfacht.

Welche *tags* sind aber denn nun überhaupt notwendig? Offensichtlich wird die Aufteilung in `<head>` und `<body>` in einem HTML-Dokument benötigt. Dann wird man mit <p> einzelne Absätze kennzeichnen müssen, mit <h1>, <h2>, <h3> usw. Haupt- und Unterüberschriften. Eventuell kann man auch das in die Jahre gekommene `<div>` behandeln, um mehrere Absätze zu gruppieren. Listen (`ul/ol`) und Tabellen (`table` mit `tr` und `td`) können zur Vertiefung ebenfalls behandelt werden, weil auch hier Verschachtelung und Strukturierung gut zu üben sind. HTML 5 bietet mit `<nav>` für die Navigation oder `<header>` und `<footer>` für Textbereiche am Beginn und am Ende der jeweiligen Seite weitere Bezeichnungen, die bei der Strukturierung von Seiten helfen.

Um die Seiten interessanter zu gestalten, können noch Grafiken eingebunden und Links auf andere Seiten eingefügt werden. Mit den Links wird die Vernetzung des „Web" anschaulicher, mit der Grafikeinbindung können noch gestalterische Überlegungen mit aufgenommen werden.

Eine gründliche Einführung in HTML kann hier nicht erfolgen, aber eine Übersicht mit Beispielen und Erläuterungen bietet folgende Kurzreferenz, die sich am HTML-Dialekt XHTML orientiert. Dieser befolgt Regeln etwas strenger und einheitlicher als HTML selbst und ist damit vielleicht für den Schulunterricht besser geeignet. Alle Befehle funktionieren mit allen aktuellen Browsern. XHTML ist vollständig kompatibel zu HTML.

4.3.3 (X)HTML-Kurzreferenz

Durchgängig werden Befehle als *tags* <tag> angegeben. Ein *tag* muss nach Ende des Bereiches, für den er gilt, wieder geschlossen werden. Die *tags* werden klein geschrieben.

Allgemeine *tags* zur Strukturierung der gesamten Seite

tag und Ende-*tag*	Bedeutung
<html>...</html>	Anfang und Ende des HTML-Codes
<head>...</head>	Kopfteil mit allgemeinen Informationen (Sprache, Autor usw.), wird nicht angezeigt
<title>...</title>	Titel der Seite, wird in der Browsertitelzeile angegeben, im *head*
<body>...</body>	Eigentlicher Inhalt der Seite
<!-- ... -->	Kommentar

Tags zur Textstrukturierung

Allgemeine *tags*	Übersetzung	Bedeutung
<h1>...</h1> <h2>...</h2> <h3>...</h3>	Überschrift (*heading*) für einen Abschnitt	Überschriften erster bis dritter Ordnung, danach wird eine Leerzeile eingefügt
 	Zeilenumbruch (*break*)	Neue Zeile, keine Leerzeile
<span>...</span>	Bereich („spanne“)	Bereich für ein Zeichen bis wenige Wörter
<p>...</p>	Absatz (*paragraph*)	Ein Absatz, nach dem schließenden Tag wird eine Leerzeile eingefügt
<div>...</div>	Abschnitt (*division*)	Ein bis mehrere Absätze, nach dem schließenden Tag wird eine Leerzeile eingefügt
<ul>...</ul>	Unsortierte Liste (*unordered list*)	Gesamte Liste, darin folgen Aufzählungspunkte
<li>...</li>	Listenelement, Aufzählungspunkt (*list element*)	Aufzählungspunkte der Liste

Links

Verweise (Links)	Attribute	Bedeutung
<a>...</a>	<a href=“seite2.html”>Zu Seite 2</a>	Sprungmarke in andere Datei

	<a href="../seite2.html">Zu Seite 2</a>	Sprung zu einer anderen Datei, die sich im übergeordneten Ordner befindet
	<a href="../sonstiges/seite2.html"> Zu Seite 2</a>	Sprung zu einer anderen Datei, die sich im Ordner „sonstiges" befindet
	<a href="https://www.google.de"> Suchen Sie bei Google</a>	Sprung zu einer Seite im WWW

Grafik

Grafikeinbindung	Attribute	Bedeutung
<img src="bild.jpg" />		Bild einbinden (Bildquelle), img=image src=source, am Ende erst Leerzeichen, dann />
	title="Apfelbaum im Herbst"	Bildkommentar, wird angezeigt, wenn die Maus kurz auf das Bild geführt wird
	alt="Apfelbaum im Herbst"	Alternativtext, falls kein Bild angezeigt wird, auch: Infotext für Menschen mit Sehschwäche
	width="150"	Breite des Bildes in Pixel
	height="200"	Höhe des Bildes in Pixel
	style="float:left" style="float:right"	Text „fließt" um das Bild herum.
Beispiel für eine vollständige Angabe: `<img src="/bilder2023/informatik.jpg" width="275" height="250" title="Der Informatikkurs aus dem Jahr 2023" alt=" Der Informatikkurs aus dem Jahr 2023" style="float:left"; />`		

Mit den skizzierten Befehlen ist schon die Erstellung einer sehr einfachen Webseite möglich. Anspruchsvollere Formatierung wird man eher mit Cascading Stylesheets (CSS) umsetzen. CSS ist eine Ergänzung zu HTML, die den Gedanken umsetzt, dass Inhalt und Formatierung getrennt werden sollen. HTML kennzeichnet die Inhalte, CSS formatiert sie. Während also beispielsweise HTML mit <h2> eine Unterüberschrift (oder „Überschrift 2. Grades") markiert, übernimmt der CSS-Befehl

<h2 style="font-size:150%">...</h2> ergänzend die Formatierung (hier Vergrößerung auf 150%).

Einige wichtige CSS-Befehle mit der Option, diese auch im *head*-Bereich der Seite oder in einer externen Datei unterzubringen, seien hier aufgelistet:

Allgemeine Formatierung mit CSS	**Beispiel**	**Erklärung**
Formatangaben direkt im Text	<p style="color:red">...</p>	Ein Absatz mit roter Schrift
Formatangabe im Dateikopf (head)	<head>... <style type="text/css"> h1 { color:green; font-size:150%; } </style> </head>	Im Kopfbereich werden Styleangaben definiert. Hier wird z. B. jede Überschrift erster Ordnung grün und vergrößert dargestellt.
Formatangabe in externer Datei	<head>... <link rel="stylesheet" type="text/css" href="*dateiname*.css" />... </head>	Hinweis auf Verknüpfung zur Datei mit CSS-Angaben, Angaben zur Art der Formatierung (hier Text) und Name der CSS-Datei. Nur der Dateiname (kursiv gesetzt) wird ggf. verändert.

Textformatierung mit CSS	**Attribute**	**Bedeutung**
<span style="..." oder <h1 style="..." oder <p style="..." oder <div style="..." oder <body style="..."		Abschnitt, der formatiert werden soll. Span für Zeichen oder wenige Wörter, h für Überschriften, p für Absätze, div für einen bis mehrere Absätze. Mehrere Attribute hintereinander werden durch Semikolon getrennt.
Hintergrundfarbe	background-color:#E0E0E0 *oder* background-color:green	Hintergrundfarbe, entweder mit Angabe als Hexadezimalzahl oder mit Farbnamen (vgl. Erklärung und Beispiele unter *color*)

Texthervorhebung	font-weight: bold (fett), alternativ bolder (noch fetter) oder lighter (dünner)	Fettdruck oder dünnerer Zeichensatz
Texthervorhebung	font-style: italic *oder* oblique	Kursiver Schrifttyp, nicht immer gut lesbar
Schriftgröße	font-size:200% oder font-size:16px	Schriftgröße, verdoppelt (relativ) oder festgelegt auf Pixelgröße (absolut)
Schriftfarbe	color:#808080 color:green oder black, white, red, green, blue, yellow, orange, gray, silver, purple, olive, aqua (hellblau), fuchsia (rosa), lime (hellgrün), navy (dunkelblau), teal	Schriftfarbe, Angabe als Hexadezimalzahl (mit Doppelkreuz eingeleitet, es folgen zwei Zeichen für Rot, Grün und Blau, #FF0014 ist Rot, kein Grünanteil, wenig blau); alternativ: Farbname
Schriftname oder -typ	font-family: Arial (oder Arial Black, Comic Sans, Georgia, Impact, Times New Roman, Trebuchet MS und Verdana) font-family: sans-serif	Schriftname oder -typ. Auf jeden Fall kann mit den Angaben serif, sans-serif, cursive (Schreibschrift) und fantasy (ungewöhnliche Schrift) gearbeitet werden.

Da sich viele Schülerinnen und Schüler sehr mit einer ansprechenden Navigation abmühen, aber häufig an unterschiedlichen Bildschirmauflösungen oder anderen Komplikationen scheitern, sei hier noch eine simple, aber in der Regel funktionierende Navigation angeboten:

```
<p style="text-align: center">
        <a href="seite1.html"> Seite 1 </a> |
        <a href="seite2.html"> Seite 2</a> |
        <a href="seite3.html"> Seite 3 </a> |
        <a href="kontakt.html"> Kontakt </a> |
        <a href="impressum.html"> Impressum </a>
</p>
```

Das Ergebnis sieht ungefähr so aus:

Seite 1 | **Seite 2** | **Seite 3** | **Kontakt** | **Impressum**

4.3.4 Die Nutzerperspektive

Der zweite genannte Punkt, der die Kriterien der Fundamentalen Ideen erfüllen kann, ist die Entwicklung für bestimmte Nutzerinnen oder Nutzer. Schüler/-innen entwerfen das, was ihnen gefällt – das ist wenig überraschend. Im Informatikunterricht kann geübt werden, die Perspektive einer anderen Person einzunehmen, ihre Interessen und Bedürfnisse zu erkennen, auch wenn diese ihr selbst nicht ganz klar sind.

Die Schülerinnen und Schüler müssen sich also in eine Person hineinversetzen, deren Wünsche, Erwartungen und Anforderungen kennen und ihre Arbeit entsprechend anpassen. Muss begründet werden, dass das eine Fähigkeit ist, die Schülerinnen und Schülern im Leben nützen kann? Computernerds, die lieber Umgang mit Rechnern als Menschen pflegen, wird dies vermutlich schwerfallen. Aber gerade diese sollten ihre Kompetenzen auf dem Gebiet des Perspektivwechsels weiterentwickeln.

4.3.5 Eine Reihenplanung

Akzeptiert man die genannten Voraussetzungen, dann lässt sich für die Reihenplanung schon gut erkennen, welche Schwerpunkte gesetzt werden können.

Wenn die Reihe kompetenzorientiert geplant werden soll, bietet es sich an, zuallererst die Kursarbeit zu erstellen; dann ist für die Lehrperson auch klar, was genau wie gründlich behandelt werden muss.

Was soll also abgeprüft werden? Die Schülerinnen und Schüler müssen verstanden haben, dass mit HTML Texte ausgezeichnet (strukturiert) werden. Insofern lässt sich nach einer Übersetzung und Erklärung von HTML, zumindest aber des M in HTML fragen (Anforderungsbereich I).

Außerdem sollen sie die Struktur eines Textes erkennen können. Eine sinnvolle Aufgabe wäre dann, einen unstrukturierten Text zu strukturieren. Ob dies digital durch Formatierung erfolgt, mit HTML-Befehlen oder Benennungen ist für das Verständnis nebensächlich (Anforderungsbereich II).

Eine weitere Aufgabe könnte darin bestehen, eine Webseite zu planen oder in HTML umzusetzen für einen Auftraggeber oder eine Auftraggeberin, die in der Aufgabenstellung ausführlicher beschrieben werden müssen. Diese sollten nicht allzuviel Nähe zur Lebenswelt der Schülerinnen und Schüler aufweisen, wie eine Anwaltskanzlei, ein Blumenladen, ein Sportgeschäft etc. Dann sollte aufgeführt werden, welche Zielgruppe der Auftraggeber bzw. die Auftraggeberin ansprechen möchte (Alter, ggf. Bildungsstand und mögliches Einkommen, Erwartungen an den Anbieter usw.) und welche Konsequenzen sich daraus etwa für die Farbe der Webseite, die

Sprache, die Schriftart und -größe etc.) ergeben könnten (Anforderungsbereich II). Möglich ist auch die Bewertung einer vorgegebenen Webseite anhand im Unterricht erarbeiteter und in der Arbeit noch einmal zu nennender Kriterien.

Selbstverständlich können auch viele andere Themen – auch die aus der Aufzählung am Eingang des Kapitels – behandelt und abgeprüft werden. Es sollte aber klar geworden sein, wie die Schwerpunkte sinnvoll gesetzt werden können.

Beispiel für eine Reihenplanung

Stunde	Thema	Zielsetzung
1	Das Internet – was lässt sich damit alles machen?	Schüler/-innen können Dienste des Internets nennen und diese vom WWW abgrenzen.
2	Wie funktioniert das WWW eigentlich?	Schüler/-innen können Beispiele für die Vernetzung im WWW benennen und die Funktion eines Browsers erklären.
3–5	Welche logische Struktur haben Webseiten und wie wirkt sich das auf die Darstellung aus?	Schüler/-innen benennen den Aufbau und die Struktur von (HTML-)Dokumenten. Sie wenden grundlegende Tags sinnvoll an.
6–9	Wie lassen sich welche Informationen gut vermitteln? Links, Bilder und Textanordnung, z. B. in Listen oder Tabellen	Schüler/-innen wenden Kriterien nutzerorientierter Informationsvermittlung reflektiert an.
10–12	*Möglicher Abschluss für eine kurze Reihe: Eine Visitenkarte im Netz – Vorstellung einer Person auf einer Webseite*	*Schüler/-innen planen und führen ein sehr kleines „Softwareprojekt" durch (ggf. als Klassenarbeit oder als Ersatz für eine Klassenarbeit möglich).*
10–12	Die Trennung von Inhalt und Form: Cascading Stylesheets (Seiten- und Textformatierung, Anordnung von Bildern)	Schüler/-innen können die Logik der Trennung von Inhalt und Form anwenden und erklären.
13–14	Mögliche Erweiterung: professionelle Verwaltung mehrerer Webseiten mit externen Stylesheets	Schüler/-innen können Formatangaben in eine externe Datei auslagern und den darin liegenden Vorteil erklären.

15–21	Planung und Realisierung einer Webpräsenz für einen (fiktiven) Auftraggeber	Schüler/-innen durchlaufen einen Softwareentwicklungsprozess aus Anforderungsdefinition, Planung, Durchführung, Testung, Anpassung, Präsentation und anschließender weitere Optimierung und reflektieren diesen Prozess sowie ihre eigene Arbeit nach vereinbarten Kriterien.
22–24	Vorstellung der Arbeitsergebnisse als simulierte Präsentation vor dem Kunden	Schüler/-innen bewerten die Ergebnisse ihrer Mitschüler nach vereinbarten Kriterien.
25	Gegebenenfalls Optimierung der eigenen Seiten auf der Basis der Rückmeldung der Mitschülerinnen und Mitschüler	Schüler/-innen durchlaufen einen weiteren Schritt im Softwareentwicklungsprozess und benennen Vorteile der Optimierung digitaler Artefakte nach kompetenter Rückmeldung.
26	Gesamtevaluation	Schüler/-innen machen sich ihren Lernfortschritt bewusst, benennen mögliche Hindernisse, aber auch Strategien zu deren Überwindung.

Die Reihe ist so skizziert, dass die Lehrperson eine Orientierung hat, was in welcher Reihenfolge, mit welchem Schwerpunkt und in welchem Tempo ungefähr gelernt wird. Gerade bei HTML bietet es sich aber an, die Verantwortung an die Lernenden abzugeben und diese mit Material zum Selbststudium zu versorgen. Es entfallen die Phasen der Instruktion, die Lehrperson wird zur Lernbegleitung, Beratung und zur Anlaufstelle für Detailfragen. Erfahrungsgemäß steigert das die Motivation vieler Schülerinnen und Schüler deutlich. Diese können im eigenen Tempo arbeiten, üben sich in der Beschaffung von Informationen und helfen sich im Idealfall auch ohne die Lehrerkraft gegenseitig. In Teilen wird diese auch entlastet, da die Lernenden auf die notwendigen Informationen selbst zugreifen können.

Mögliche Schwierigkeiten liegen darin, dass manche Schülerinnen oder Schüler für die Lernprozesse ohne direkte Anleitung länger brauchen können oder durch die selbstständige Arbeit zunächst überfordert sind. Auch sich eigenständig um Hilfe zu bemühen, wenn man nicht weiterkommt, liegt nicht allen in einer Lerngruppe. Hier liegt es in der Einschätzung der Lehrkraft, welches Vorgehen für den Kurs am besten geeignet ist – auch Mischformen sind schließlich möglich.

Welches Vorgehen man auch wählt, die Chance, die Entwicklung einer Website als Projekt anzulegen, sollte – wenn möglich – ergriffen werden. Auch wenn das Projekt nur die Phase des Erstellens der Website umfasst, müssen die Kriterien für eine abschließende Bewertung natürlich von Beginn an bekannt und erläutert sein. Diese sollten sich organisch aus den Schwerpunkten der geplanten Reihe ergeben. Ein an der oben skizzierten Reihe angelehnter Katalog von zu berücksichtigenden Punkten und Planungshilfen, die in einem Pflichtenheft anzugeben sind, sei hier wiedergegeben.

Es muss notiert sein:

- Planung:
  - Wer ist Auftraggeber/-in (Firma oder Privatperson, was soll angeboten/dargestellt werden?)
  - Was wissen wir über den Auftraggeber/die Auftraggeberin?
  - Wie will die Person/Firma wahrgenommen werden?
  - Was wissen oder vermuten wir über die Zielgruppe?
- Konkretisierung: Welche Konsequenzen ergeben sich aus der Planung im letzten Punkt für die Gestaltung bezüglich ...
  - Farben (Hintergrund, Navigation, evtl. Links)?
  - Schrifttyp und -größe?
  - Sprachliche Besonderheiten (direkte oder allgemeine Ansprache, sachlich, lebendig, kommen Fachbegriffe vor usw.)
  - Bilder (Größe, Farbe oder schwarz-weiß, Motive, viele oder wenige Bilder usw.)
  - Sinnvoll für unsere Website erscheinen uns folgende HTML-Seiten (ggf. erweitern):
    - Startseite index.html. Hier soll der Nutzer/die Nutzerin usw.
    - Etc.
    - ...
    - Impressum und Kontakt
- Meilensteine

Wir haben für die Erstellung bis zum ... Zeit. Bis dahin gilt für uns folgender Arbeitsplan:

Erledigt bis	
	Entscheidung zur Themenwahl, Abschluss der Planung
	Erstellung der geplanten Seiten als HTML-Dateien

	Erstellung der Stylesheets, in denen alle Designentscheidungen berücksichtigt worden sind
	Test der Seiten an mindestens einem Rechner mit anderer Auflösung und einem anderen Browser
	Test der Seite mit einem Nutzer/einer Nutzerin, die/ der die Seite nicht kennt, Einarbeitung der Rückmeldungen
	Test der Seiten mit einem Validator

- Bei allen verwendeten Bildern sind die Urheberrechte beachtet. Die Fundstellen der Bilder sind im Quelltext angegeben.
- Die fertigen Seiten sind mit einem Validator, z. B. des Markup Validation Service des W3C am … überprüft und enthalten keine Fehlermeldungen.

Anhand der Vorgaben des Lehrplans, der Interessen der Schülerinnen und Schüler oder dem, was die Lehrkraft für passend und sinnvoll erachtet, sind Schwerpunktsetzungen in den unterschiedlichsten Bereichen möglich. Die Auflistung zur Rechtfertigung des Themas unter 4.3.1 mag hier einige Anregungen geben.

4.3.6 Hilfen

Auf welche kostenlosen Materialien kann die Lehrkraft zugreifen? Da der Markt fluide ist, sich HTML in einer permanenten Weiterentwicklung befindet, immer wieder neue Materialien veröffentlicht werden, bekannte Tutorials sich ändern oder veralten, ist es schwer, dauerhaft hilfreiche Empfehlung zu geben. Dennoch sei hier beispielhaft das Tutorial zu HTML und CSS von w3schools genannt. Es ist in einfachem Englisch verfasst und hat den Vorteil, dass es Erklärungen und Übungen auf einer Seite vereint. Außerdem ist hier ein Einhalten der Standards des W3C garantiert. Die Aktualisierung an sich verändernde Empfehlungen dürfte hier ebenfalls gesichert sein.

Ein gelungenes deutschsprachiges Tutorial ist im Wiki von SelfHTML zu finden. SelfHTML bietet schon viele Jahre Hilfe und Orientierung für HTML-Entwicklerinnen und -Entwickler und Grundinformationen für Neulinge in der Auszeichnungssprache. Es scheint gesichert, dass diese Seite auch weiterhin gepflegt und angepasst wird. Die Erklärungen sind gut verständlich, der Kurs sinnvoll aufgebaut.

Methoden für den Informatikunterricht

5

Auch für die Auswahl allgemeiner Unterrichtsmethoden gibt es zahlreiche Angebote auf dem Markt. Eine entsprechende Übersicht scheint also nicht notwendig. Deswegen folgt lediglich eine Zusammenstellung von Aufgabenformaten und Methoden speziell für den Informatikunterricht.

Die Fülle an Anregungen, wie Programmierunterricht methodisch gestaltet werden kann, soll nicht den Eindruck erwecken, im Informatikunterricht ginge es vor allem um Programmieren; es sollen lediglich die Lücken geschlossen werden, die allgemeine Darstellungen für den Fachunterricht lassen.

Die im Folgenden vorgestellten Methoden liefern einige Anregungen. Genannt sind jeweils mögliche Einsatzzwecke sowie Vor- und Nachteile.

5.1 Visueller Impuls einer zu analysierenden Problemsituation

(Unkommentierte) Begegnung mit einem informatischen Phänomen, z. B. Saugroboter saugen lassen, die Frage, wie er sich im Raum zurechtfindet, stellt sich mit etwas Glück von allein. Möglich ist beispielsweise auch ein Videobericht über die Fußballmeisterschaft der Roboter als Auftakt zum Thema KI oder Algorithmik.

Ziel: Interesse und Neugier wecken, höhere Beteiligung, Fragestellungen und Interessen der Lerngruppe berücksichtigen

Vorteil: Kann Neugier wecken, legt den weiteren Unterrichtsverlauf weniger deutlich fest, da mit den Reaktionen der Lernenden gearbeitet werden kann und sollte

Nachteil: Reaktionen sind weniger planbar, Fragestellungen müssen ggf. ohne die Äußerungen der Lernenden aufgeworfen werden

Mögliche Anwendung: Stunden- oder Reiheneinstieg

5.2 Demonstration durch die Lehrkraft

Etwas vorführen oder zeigen, notwendig bei Einführung in die Nutzung eines Werkzeuges, das sich nicht von selbst erschließt, z. B. ein professioneller Editor in seinen Möglichkeiten.

Ziel: Schnelle Orientierung in einem Werkzeug, mit dem weitergearbeitet werden soll

Vorteil: Zeitersparnis, da die Lehrperson während der Vorführung schon auf besonders wichtige Elemente hinweisen und die Informationsvermittlung strukturieren kann

Nachteil: Lernende werden zu Konsument/-innen, der Grad der Aufmerksamkeit ist unklar. Je länger der Vortrag ist, desto unsicherer ist, wie viel die Lernenden davon später umsetzen können. Außerdem besteht die Gefahr, dass das Werkzeug als Unterrichtsinhalt missverstanden wird.

Mögliche Anwendung: Überleitung zur Arbeitsphase

5.3 Demonstration eines Ablaufs oder Algorithmus

Ablauf eines Algorithmus zeigen, z. B. als Film über Sortieralgorithmen (Klang: Sound of Sorting, Tanz: AlgoRhythmics). Möglich ist die Visualisierung zur Einführung, um ein erstes Verständnis ohne vorangehende Erklärung zu ermöglichen oder zur Veranschaulichung eines behandelten und von vielen verstandenen Ablaufs.

Ziel: Veranschaulichung und besseres Verständnis von Algorithmen

Vorteil: Höhere Anschaulichkeit als durch Erklärungen in Wort oder Text

Nachteil: Ohne Versprachlichung kann der ggf. täuschende Eindruck entstehen, den Algorithmus verstanden zu haben, weil man ihn ja „vor Augen" hat.

Mögliche Anwendung: Einstieg oder Reflexion

5.4 Erklärvideo

Erklärende oder veranschaulichende Filme zeigen oder zum Selbststudium verlinken, am besten mit strukturierenden Aufgaben.

Ziel: Anschauliche und kompakte Vermittlung von Wissen

Vorteil: Filme können informatische Phänomene oft deutlich anschaulicher präsentieren, als das im Unterricht möglich ist. Ggf. ist beim individuellen Betrachten auch eine individualisierte Bearbeitung möglich.

Nachteil: Filme vermitteln Bilder, die Bilder allein erklären aber keine Phänomene. Ohne Nachbearbeitung oder begleitende Strukturierung kann der Lerneffekt sehr gering sein. In der Masse der filmischen Erklärungen auf dem Markt gibt es einige Perlen, aber auch viel Zweifelhaftes. Hier müssen Sie darauf achten, keine Fehlvorstellungen zu provozieren, gegen die Sie später im Unterricht anarbeiten müssen.

Mögliche Anwendung: Flipped Classroom – statt Unterrichtsinhalte in der Stunde einzuführen und zu Hause in der Hausaufgabe zu vertiefen, werden diese zu Hause vorbereitet und in der Stunde vertieft.

5.5 Programmtext ergänzen

Ein oder mehrere Befehle oder Codezeilen in einem gegebenen Programm fehlen. Diese müssen unter Angabe dessen, was das Programm leisten soll, von den Lernenden ergänzt/eingesetzt werden.

Ziel: Prüfung sowohl des Verständnisses der Syntax als auch des Problems und Lösungsansatzes

Vorteil: Durch den engen Rahmen kann die Beherrschung der Syntax einzelner Konzepte einer Programmiersprache z. B. von Schleifen geprüft werden, ohne ein vollständiges Programm dazu schreiben zu müssen und kommt damit unsicheren Schülerinnen und Schülern entgegen. Es schult außerdem die „Lesefähigkeit" gegebener Programme.

Nachteil: Durch die enge Begrenzung ist die Problemlösung wenig kreativ und es wird nur ein kleiner Programmausschnitt bearbeitet.

Mögliche Anwendung: Anschluss an Erarbeitung neuer Konzepte einer Programmiersprache

5.6 Code strukturieren

Korrekter Code wird ohne Einrückung als Fließtext präsentiert und muss am besten mit einem Editor, der die Denkarbeit nicht abnimmt, z. B. durch Einrückungen, strukturiert werden. Alternative: mit Stift und Papier. Klammern, die z. B. Beginn und Ende von Schleifen signalisieren, kommen dabei zur Vereinfachung in einzelne Zeilen. Naheliegend wäre auch, eine in der Programmiersprache korrekte Kommentierung zu nutzen.

Ziel: Besseres Verständnis der Syntax und von Strukturierungselementen einer Programmiersprache

Vorteil: Macht die Vorteile der strukturierten Eingabe offensichtlich und kennzeichnet, dass diese nur mit echtem Verständnis der Algorithmen möglich ist. Außerdem übt es, die Logik der Strukturierung zu beherrschen.

Nachteil: Kann schwächere Schülerinnen und Schüler überfordern

Mögliche Anwendung: (Selbst-)Prüfung, wie gut die Syntax einer Programmiersprache verstanden wurde

5.7 Code oder Elemente einer Modellierung in die richtige Reihenfolge/ in den richtigen Zusammenhang bringen

Ein korrektes Modell, eine korrekte Funktion oder ein korrektes Programm wird in Einzelteile (Wörter, Fragmente, Zeilen oder Blöcke) zerlegt und muss von den Lernenden in die richtige Reihenfolge gebracht werden. Anspruchsvoller ist es, zusätzlich unnötige Einzelteile zur Auswahl zu stellen, sodass entschieden werden muss, welche Elemente gebraucht werden und welche nicht.

Ziel: Sicherer Umgang mit erlernter Modellierung/Programmierung

Vorteil: Kann helfen, Syntax und Semantik einer Modellierung oder eines Programms zu erlernen bzw. zu verstehen. In Partnerarbeit kann diese Methode auch stille Schülerinnen und Schüler aktivieren.

Nachteil: Bei der Lösung ist vor allem Nachvollziehen wichtig, Kreativität und anspruchsvolleres Wissen abzurufen, kann in den Hintergrund treten. Die analoge Variante (ausdrucken, laminieren, ausschneiden) ist aufwendig, aber vermutlich nachhaltiger.

Mögliche Anwendung: Differenzierungsmaßnahme für Schülerinnen und Schüler, die unsicher in der Verwendung der Syntax einer Programmiersprache sind. Schwächere Schüler/-innen bekommen nur die notwendigen Codeelemente, die sichereren zusätzliche überflüssige Elemente.

5.8 Ablauf oder Ausgabe eines Programms bestimmen

Ein unkommentierter Programmtext muss verstanden werden. Dieses Verständnis zeigt sich, wenn die Schüler angeben können, welche Ausgabe ein Programm liefert oder welche Aktion(en) am Ende zu erwarten sind.

Ziel: Lesen und Verstehen fremder Programmtexte trainieren

Vorteil: Die Lernenden setzen sich intensiv mit dem Programmtext auseinander. Programmtexte nachzuvollziehen wird geübt, nebenbei wird noch einmal die Notwendigkeit einer aussagekräftigen Kommentierung anschaulich.

Nachteil: Wenig kreativ; kann schwächere Schülerinnen und Schüler überfordern

Mögliche Anwendung: Lesekompetenz von Programmtexten überprüfen, nachdem neue Elemente einer Programmiersprache erlernt worden sind. Auch zur Wiederholung geeignet

5.9 Pair-Programming

Programmieraufgaben werden auf zwei Lernende verteilt. Eine/-r bedient die Tastatur nach den Anweisungen der anderen Person. Der Erste darf nicht laut denken oder seine eigenen Vorstellungen direkt eintippen, die Zweite hat keinen Zugriff auf die Tastatur.

Ziel: Strukturierung der Programmierung bei gemeinsamer Programmierung an einem Informatikwerkzeug

Vorteil: Zwingt zum Austausch, aktiviert beide Lernende. So wird verhindert, dass die sicherere Person den notwendigen Code mal eben selbst eintippt und die andere nur eine zuschauende Rolle einnimmt. Der Schüler oder die Schülerin an der Tastatur darf zwar nichts einwenden, wird sich ihre Bedenken aber merken. Auf diese kann in einer anschließenden Phase eingegangen werden.

Diese Aufteilung macht aus der Not der wenigen Rechner für alle Schülerinnen und Schüler eine Tugend.

Nachteil: Zu Beginn für beide sehr schwer einzuhalten. Der Vorteil wird erst mit der Zeit sichtbar. Schnelle Lernende fühlen sich ausgebremst, was zu unschönen Diskussionen innerhalb der Gruppe führen kann.

Mögliche Anwendung: Umsetzung nicht zu komplexer Aufgaben am Informatiksystem

5.10 Kooperativer Austausch von Entwurf und Implementation

Die Schülerinnen und Schüler erstellen Entwurfsdiagramme, Struktogramme oder Programmablaufpläne in Einzel- oder Partnerarbeit. Diese werden anschließend an eine andere Gruppe oder Person weitergegeben, welche diese dann zu implementieren versucht.

Ziel: Die Lernenden nutzen eine vereinheitlichte Modellierung. Sie werden gezwungen, ihre Pläne und Entwürfe nicht nur für sich selbst lesbar zu machen. Außerdem lernen sie, (fremde) Pläne und Entwürfe zu analysieren und in eine Implementation zu übersetzen.

Nachteil: Die zweite Arbeitsphase ist abhängig von der Qualität der ersten. Die Modellierung sollte also für die Lernenden schon gut verstanden worden sein.

Mögliche Anwendung: Übungsphase im Hinblick auf eine Lernerfolgsüberprüfung oder zum Aufdecken von Verständnisschwierigkeiten

5.11 Zu einer Problemstellung eine modellierte Lösung entwerfen oder eine gegebene Lösung modellieren

Die Schülerinnen und Schüler lösen ein gegebenes Problem durch eine Modellierung.

Ziel: Sicherere Nutzung von Modellierungsmöglichkeiten wie Pseudocode, PAP, Struktogramm, ER-Diagramm etc.

Vorteil: Eine erlernte Modellierung wird geübt und gefestigt. Durch die Modellierung einer Lösung können Probleme der Lösung deutlich werden.

Nachteil: Sowohl Lösung als auch Modellierung müssen verstanden worden sein, was in einer größeren Lerngruppe in der Regel nicht auf alle zutrifft.

Mögliche Anwendung: Überprüfung des Verständnisses einer Modellierung

5.12 Programm aus einem Modell entwickeln

Aus einem gegebenen Modell soll ein Programm entwickelt werden.

Ziel: Trainieren der „Lesefähigkeit" von Modellen, des Schreibens von Programmen und des Wechsels zwischen unterschiedlichen Abstraktionsebenen (Modell und Programm)

Vorteil: Erhöht die Sicherheit im Umgang mit Modellen und Programmen und trainiert beide Ebenen

Nachteil: Bei Unsicherheit auf einer Ebene ist die Aufgabe kaum lösbar.

Mögliche Anwendung: Einzelne Implementationsstunden im Rahmen einer Reihe

5.13 Fehler in einer Programmierung/Modellierung finden

In einer gegebenen Modellierung oder einem gegebenen Programm finden sich ein oder mehrere Fehler. Diese müssen gekennzeichnet und in der Regel korrigiert werden.

Ziel: Schulung der „Lesefähigkeit" von Modellen oder Programmtext

Vorteil: „Lesefähigkeit" von Programmtexten wird trainiert. Ein Hinweis auf die Anzahl der Fehler kann schwächere Schülerinnen und Schülern entlasten.

Nachteil: Wenig kreativ, schnelle Schülerinnen und Schüler können sich unterfordert fühlen.

Mögliche Anwendung: Differenzierungsmaßnahme, Test des Verständnisses der Logik einer Modellierung oder eines Programms

5.14 Fehlermeldungen verstehen und erklären

Die Schülerinnen und Schüler erhalten einen Quelltext mit mindestens einem während der Übersetzung aufgetretenen Fehler mit entsprechender Meldung. Die Ursache des Fehlers muss benannt und der Fehler selbst behoben werden.

Ziel: Fehlermeldungen für die Programmierarbeit verstehen und nutzen, Routine beim Verfassen von Programmtexten gewinnen

Vorteil: Gerade zu Beginn der Programmierarbeit kann dieses Vorgehen die Sicherheit im Umgang mit der Entwicklungsumgebung erhöhen. Typische Fehlermeldungen werden erkannt, entsprechende Lösungen eingeübt. Das kann helfen, Frustration bei Progammieranfänger/-innen zu vermeiden. Sie als Lehrkraft werden entlastet, da Sie nicht immer wieder dieselben Meldungen erklären müssen.

Nachteil: Die Fehlermeldungen sind häufig so konkret, dass die Arbeit mit ihnen nicht sehr anspruchsvoll ist. Andererseits sind einige Fehlermeldungen nur bei vertieftem Verständnis des Gegenstands zu verstehen, z. B. der Zugriff auf die Position einer Datenstruktur, die nicht (mehr) definiert ist.

5.15 Arbeit mit einem informatischen Werkzeug (Software)

Die Schülerinnen und Schüler bearbeiten Aufgaben, die sich aus dem Werkzeug ergeben; typisch wäre, eine Figur so durch eine Miniwelt zu steuern, dass sie ein gegebenes Problem löst, z. B. Hindernisse umgeht, wiederholt eine bestimmte Aktion ausführt, bestimmte Objekte zeichnet o. ä.

Ziel: Lösen von im besten Fall typischen informatischen Problemstellungen, erlernen wichtiger Programmierkonzepte

Vorteil: Die Werkzeuge bringen häufig alle Hilfsmittel zur Bearbeitung und Lösung der Aufgabe mit, z. B. eine „Welt“, in der agiert wird und einen Editor; in aller Regel wird auch das geschriebene Programm innerhalb des Werkzeugs ausgeführt, sodass es keinen Bruch zwischen den Ebenen Entwickeln und Ausführen gibt. Häufig gibt es auch eine Auswahl erprobter Aufgaben, die den Vorbereitungsaufwand reduzieren.

Nachteil: Es besteht die Möglichkeit, dass die Aufgaben bearbeitet werden, ohne dass sie auf ihre Relevanz für das Fach und die Lerngruppe überprüft wurden. Arbeit mit einem informatischen Werkzeug führt nicht von selbst zu gelungenem Informatikunterricht.

Mögliche Anwendung: Projektarbeit zu eigenen Aufgaben oder zu Aufgaben, die das Werkzeug zur Verfügung stellt

5.16 Arbeit mit einem informatischen Werkzeug (Hardware)

Die Schülerinnen und Schüler nutzen eine für den Informatikunterricht geeigneten Hardware, z. B. Calliope, Arduino oder RasperryPi.

Ziel: Die Arbeit mit echter Technik statt mit einem Programm kann für nachhaltigere Lerneffekte sorgen und die Motivation für das Fach langfristig steigern.

Vorteil: Die oft nur theoretisch behandelten Konzepte der Programmierung werden durch die Nutzung von Hardware, die direkt gesteuert werden kann, anschaulicher. Schülerinnen und Schüler erleben Auswirkungen ihrer Programmierung in der „realen" Welt, nicht nur in simulierten Umgebungen. Viele Werkzeuge fordern durch die Fülle an Sensoren und Aktoren die Kreativität heraus.

Nachteil: Wenn die Schülerinnen und Schüler sich die vergleichsweise günstige Hardware nicht anschaffen (können), fällt der Aufwand auf die Schule zurück. Dann muss die Hardware angeschafft, inventarisiert, repariert und ggf. ersetzt werden.

Mögliche Anwendung: Projektarbeit zu Aufgaben, die durch das Werkzeug ermöglicht werden

6 Leistungsbewertung

Die Möglichkeiten der Leistungsbewertung sind im Fach Informatik in vielen Punkten nicht wesentlich anders als in anderen Fächern. Als erfahrene Lehrkraft werden Sie im folgenden Kapitel bis auf einige konkret auf das Fach zugeschnittene Informationen also vielleicht wenig Neues erfahren. Für Berufsanfänger/-innen seien hier aber einige Grundlagen aufgeführt.

Die Note wird zurückgemeldet auf der Basis erbrachter Leistungen. Diese Leistungen zu ermöglichen und einzufordern, ist vor dem Erreichen der Oberstufe die Aufgabe der Lehrkraft. In der Oberstufe sind die Schülerinnen und Schüler dann in aller Regel in der Bringschuld.

Für die jüngeren Schülerinnen und Schüler ergibt sich für den Informatikunterricht, dass dieser so breit wie möglich aufgestellt sein muss, um unterschiedlichen Lernenden unterschiedliche Möglichkeiten zu geben zu zeigen, wie gut sie den Stoff verstanden haben, ihn anwenden und ggf. kreativ mit ihm umgehen können. Ein reines Festsetzen der Note nach evtl. geschriebenen Tests oder Kursarbeiten verbietet sich also. Zumal dies eine rein produktbezogene Bewertung darstellt und den (Lern-)Prozess, der über viele Stunden beobachtet werden kann, viel zu wenig für eine Leistungsbewertung nutzt.

6.1 Allgemeine Kriterien

Für eine allgemeine Einschätzung der Leistungsfähigkeit in unterschiedlichen Bereichen können die Empfehlungen der Gesellschaft für Informatik (GI) (vgl. Brinda, 2008) hilfreich sein. Zu den Inhaltsbereichen kann geprüft werden, wie sicher Schülerinnen und Schüler mit den im Unterricht vermittelten Inhalten umgehen, diese aufnehmen, anwenden und übertragen können. Die Inhaltsbereiche sind:

- Information und Daten
- Algorithmen, Sprachen und Automaten
- Informatiksysteme
- Informatik, Mensch und Gesellschaft

Für das Beispiel Algorithmen kann das z. B. heißen:

- Wie kreativ sind Lösungsvorschläge für zu entwickelnde Algorithmen?
- Wie sicher werden behandelte Algorithmen verwendet?
- Wie fundiert kann ein Algorithmus für ein zu lösendes Problem ausgewählt werden?

- Wie gut gelingt die Modellierung eines Algorithmus'?
- Wie gut kann der Algorithmus z. B. in eigenen Worten wiedergegeben werden?
- Wie gut gelingt die Dokumentation des verwendeten Algorithmus'?

Wenn, wie im Kapitel zur Unterrichtsplanung (3) empfohlen, vor dem Unterricht geklärt ist, was genau vermittelt werden soll, lässt sich auch leichter erkennen und rückmelden, wie gut Schülerinnen und Schüler das angestrebten Ziele erreicht haben. Das kann dann auch direkt in die Leistungsbewertung und deren Begründung sowohl mündlicher wie schriftlicher Beiträge einfließen.

Etwas anspruchsvoller zu bewerten sind die Prozessbereiche. Die Empfehlungen der GI weisen folgende aus:

- Modellieren und Implementieren,
- Begründen und Bewerten
- Strukturieren und Vernetzen
- Kommunizieren und Kooperieren
- Darstellen und Interpretieren

Ist für die Schülerinnen und Schüler Modellieren und Implementieren noch als „typisch informatisches" Thema zu erkennen und die Fähigkeit, strukturieren und vernetzen zu können, auch noch nachvollziehbar, erwarten viele Schülerinnen und Schüler und auch manche Lehrpersonen nicht, dass Kommunizieren und Kooperieren zu Prozessbereichen gehören, die auch und gerade im Informatikunterricht trainiert werden können und sollen. Hier hilft vielleicht ein Blick auf das medial nach wie vor präsente Bild vom meist männlichen Nerd, der allein im abgedunkelten Zimmer (gerne auch mit Kapuzenpulli) vor dem Monitor sitzt und in einen Texteditor vor schwarzem Hintergrund kryptische Befehle eintippt, während er sich von Pizza und aufputschenden Getränken ernährt. Es ist auch die Aufgabe des Informatikunterrichts zu zeigen, dass Informatikerinnen und Informatiker anders sind und anders arbeiten. Zu den Kompetenzen, die von ausgebildeten Informatiker/-innen erwartet werden, sind z. B. die Problemanalyse, die Entwicklung von Lösungsstrategien, die Präsentation fertiger Ergebnisse oder eine klare Kommunikation mit dem Kunden/der Kundin. Im Entwicklungskreislauf ist geradezu zwingend, sich Feedback einzuholen und die Wünsche des Auftraggebers bzw. der Auftraggeberin genau zu kennen und umzusetzen. Dies ist ohne ein gewisses Kommunikationstalent nicht zu leisten. Auch kleinere Programmierprojekte kommen nicht ohne Absprache mit anderen Entwickler/-innen aus; Schnittstellen müssen definiert, mögliche Probleme erkannt, angesprochen und gelöst werden. Testen und Evaluation eines Softwareproduktes ist nur möglich mit klaren Absprachen. Wenn aber schon für reine Entwicklungsaufgaben so viel Kommunikation und Kooperation notwendig ist, wie viel mehr muss das noch für andere Gebiete des Informatikunterrichts gelten? Hier sei nur nebenbei auf die Kompetenz im Präsentieren verwiesen.

Es ist also wichtig, darauf hinzuweisen, welche Bedeutung die Prozessbereiche bei der Einschätzung der Schülerinnen und Schüler haben.

Welche Kriterien können angelegt werden? Eine Checkliste mit einigen Beispielen kann hier als Ausgangspunkt für eigene Beobachtungsschwerpunkte im Bereich der Kommunikation und Kooperation dienen:

S. beteiligt sich regelmäßig am Unterricht.	
S. spricht in ganzen Sätzen.	
S. geht auf Aussagen der Mitschülerinnen und Mitschüler ein.	
S. verwendet Fachsprache sicher und verständlich.	
S. geht selbstverständlich in Partner- und Gruppenarbeit.	
S. arbeitet produktiv in Partner- und Gruppenarbeit mit.	
S. ist bereit, Arbeitsergebnisse auch der Partner- und Gruppenarbeit vorzustellen.	
S. ist bereit Hilfe anzubieten oder anzufordern.	
usw.	

Bei der Leistungsfeststellung lässt sich nach schriftlichen und sonstigen Leistungen unterscheiden.

6.2 Schriftliche Leistungen

Die schriftlichen Leistungen prüfen in der Regel Wissen und Fertigkeiten vor allem im Anforderungsbereich (AF) II. Gemeint ist hier in der Regel ein Anwenden von erlangtem Wissen und bekannter Sachverhalte unter einer nicht bekannten Aufgabenstellung. So soll z. B. mit dem im Unterricht gewonnenen Wissen und mit Übungen eine Modellierung angefertigt oder eine Programmieraufgabe gelöst werden, wie sie vergleichbar im Unterricht vorgekommen ist. Der Anforderungsbereich klärt ab, ob der behandelte Unterrichtsstoff so weit verstanden worden ist, dass er in einem anderen Kontext angewendet werden kann.

Der Anforderungsbereich I fragt bekanntes Wissen ab, das in der Regel nur wiedergegeben werden muss, z. B. bekannte und wichtige Definitionen. Eine mögliche Aufgabe wäre also, den Unterschied von Daten und Informationen zu benennen und jeweils ein im Unterricht behandeltes Beispiel wiederzugeben. Hier ist es Schüler/-innen auch möglich, richtige Antworten zu geben, obwohl sie nicht vertieft in die Materie eingedrungen sind.

Im Anforderungsbereich III müssen Wissen und Fertigkeiten so gut erworben worden sein, dass Aufgaben gelöst werden können, die so nicht im Unterricht behandelt wurden.

Eine mögliche Aufgabe für den Anforderungsbereich III könnte sein, Vergleiche zwischen verschiedenen Modellierungen anzustellen und diese zu bewerten – hier spielt die stimmige Argumentation und die Berücksichtigung wichtiger Aspekte die entscheidende Rolle.

Bewerten lässt sich ebenfalls eine vorgeschlagene Lösung zu einem gegebenen Problem. Wichtig ist dabei die Befolgung von im Unterricht behandelten Kriterien und die zusammenfassende abschließende Begründung. Der Grad der Vorbereitung im Unterricht bestimmt dann, ob es sich um eine Aufgabe im Anforderungsbereich I, II oder III handelt. Wurden z. B. Struktogramm und Programmablaufplan im Unterricht behandelt und Vor- und Nachteile genannt, entspricht die Wiederholung des im Unterricht erlangten Wissens lediglich Anforderungsbereich I. Wurden beide behandelt, aber nicht verglichen, ist die Herausforderung natürlich deutlich größer.

Der Anforderungsbereich II dominiert die meisten Aufgabenstellungen im Bereich der schriftlichen Leistungen, da hier geprüft werden kann, wie sicher erlangtes Wissen angewendet wird.

Aus den genannten Gründen finden sich wenige Aufgaben im AF I am Anfang von Tests und Kursarbeiten, auch um einen leichten Einstieg in die vielleicht stressauslösende Situation der schriftlichen Arbeit zu ermöglichen. Aufgaben im AF III finden sich dementsprechend häufig erst am Ende. Als Richtlinie kann gelten, dass mindestens die Hälfte der Aufgaben dem AF II zuzuordnen sein sollte.

Sollten im Kernlehrplan des Fachs keine Operatoren angegeben sein oder dieser nicht vorliegen, ist vielleicht für die Formulierung von Aufgaben die Operatorenliste der Gesellschaft für Informatik hilfreich.

Typische Aufgaben für eine schriftliche Überprüfung sind demnach beispielsweise:

- Wiederholung erlernter Inhalte oder Definitionen, z. B. „Gib an, was man unter ‚Software' versteht!"

- Darstellung erlernter Inhalte in eigenen Worten unter Verwendung von Fachsprache, z. B. „Beschreibe, was beim Aufruf einer Webseite durch einen Nutzer geschieht!“
- Auf der Basis erlernter Inhalte Phänomene erklären, z. B. „Erkläre, wie es zu folgender Fehlermeldung kommen kann: ‚...‘!“
- Eine allgemeine Lösung zu einer Aufgabenstellung entwickeln, z. B. „Entwickele einen Algorithmus, der folgendes Problem löst: ‚...‘!“
- Ein Modell zu einer Aufgabenstellung entwickeln, z. B. „Modelliere zu folgendem allgemeinsprachlich formulierten Algorithmus *(oder zur Lösung des folgenden Problems)* einen Programmablaufplan!“
- Aus einer Modellierung eine alternative entwickeln, z. B. „Übertrage folgenden als Programmablaufplan dargestellten Algorithmus in ein Struktogramm!“
- Unterschiedliche Lösungen zu einem Problem vergleichen. Denkbar ist der Vergleich eines sehr kurzen mit einem leicht lesbaren Programmtext, die beide ein gegebenes Problem ähnlich lösen, z. B. „Vergleiche die beiden vorliegenden Modellierungen!“.
- Unterschiedliche Lösungen zu einem Problem bewerten. Dies setzt die vorangegangene Aufgabenstellung voraus und wird häufig zu einer Aufgabe kombiniert. Beides zu trennen hat den Vorteil, dass auch Schülerinnen und Schüler, die sich bei einer Bewertung unsicher sind, unter Umständen Vergleichsaspekte zumindest benennen können.
- Wenn Bewertungskriterien bekannt sind, kann auch die Bevorzugung einer Modellierung oder eines Programmtextes verlangt werden, z. B. „Begründe, warum der zweite Programmtext das gegebene Problem besser löst!“

6.3 Sonstige Leistungen

Die Ausführlichkeit der bisherigen Darstellung soll nicht darüber hinwegtäuschen, dass es neben dem Bereich der schriftlichen auch eine Fülle an Leistungsnachweisen im Bereich der „Sonstigen Leistungen“ gibt. Die Möglichkeiten hierfür sind vielfach die gleichen, die es auch in anderen Fächern gibt. Beispiele hierfür sind:

- Referate, einzeln oder in einer Gruppe vorbereitet und vorgetragen
- Protokolle
- Portfolios
- Schriftliche Ausarbeitungen zu einem vorgegebenen Thema
- Heft- oder Mappenführung
- usw.

Hinzu können für das Fach Informatik noch andere Bereiche kommen, z. B.:

- Qualität von Projektergebnissen, auch etwas länger angelegte Programmierprojekte, Beispiele und Anregungen dafür sind in den Kapiteln zu Scratch (4.1) und HTML (4.3) genannt. Hier sollte nicht nur das Ergebnis (Produkt), sondern auch die Qualität der Arbeit während der Projektphase (Prozess) Berücksichtigung für die Leistungsbewertung finden.
- Geschwindigkeit und Vollständigkeit in der Erledigung von Aufgaben
- Vereinbarte Regeln in der (Programmier-)Arbeit einhalten, z. B. durchgehende Kommentierung, sinnvolle Bezeichnung von Variablen, Programmen oder Objekten
- Konsequenz in der Erledigung gestellter Aufgaben. Was bedeutet das? Angenommen, die Schülerinnen und Schüler sollen zu den Veränderungen im Kaufverhalten durch Onlineshopping Stellung nehmen. Eine qualifizierte Antwort geht auf Vor- und Nachteile dieser Veränderung ein und kommt erst dann zu einer Entscheidung. Häufig zu beobachten ist aber, dass eine Antwort ausschließlich auf der Basis eigener Befindlichkeiten oder Erfahrungen der Lernenden gegeben wird. Diese können in eine Stellungnahme einfließen, aber erst nachdem Pro- und Contraargumente gegeneinander abgewogen wurden – wofür sie zunächst einmal genannt werden müssen.

Ein anderes Beispiel: Es kommt häufiger vor, dass sich Schülerinnen und Schüler direkt auf die Aufgaben stürzen, die sie besonders interessieren und andere zunächst einmal weniger beachten. Dies geht oft auf die Überzeugung zurück, dass sie bestimmte Aufgabentypen nicht benötigen. Soll der Entwicklungsprozess von der Problemanalyse zur Planung und dann über die Modellierung zum fertigen Programm mit anschließender Evaluation und Optimierung eingeübt werden, ist es unumgänglich, dass dieser Prozess in genau dieser Reihenfolge durchlaufen wird. Manche Schülerinnen und Schüler wollen aber direkt mit der Programmierarbeit beginnen, weil sie überzeugt sind, damit im Grunde auch die Vorarbeit erledigt zu haben. Bei den zu Anfang einfachen Herausforderungen ist der Vorteil eines entsprechenden Vorgehens auch nicht für jeden Lernenden ersichtlich. Denn wozu sollte man ein Problem, das doch schon z. B. auf einem Arbeitsblatt skizziert ist, noch einmal in eigenen Worten wiederholen und einen Prozess, der simpel erscheint, in allen Einzelheiten planen? Die Gründe sind klar, aber den Lernenden nicht immer einsichtig: Zum Erlernen eines Ablaufs wird der Prozess auf niedrigem Niveau eingeübt, damit auf höherem darauf zurückgegriffen werden kann.

Für die Leistungsbewertung sind auch „weichere“ Kriterien möglich, die aber für die persönliche und zum Teil fachliche Weiterentwicklung von Bedeutung sind oder sein dürften und die nicht bei allen als bekannt und akzeptiert vorausgesetzt werden können. Dazu gehört, neben den in der Checkliste mit allgemeinen Kriterien genannten z. B. auch die Sorgfalt in der Erledigung von Aufgaben.

6.3.1 Mündliche Mitarbeit

Zu den Sonstigen Leistungen zählt natürlich auch der Bereich der mündlichen Mitarbeit, bei der mehrere Faktoren in die Notengebung einfließen:

- Qualität der Beiträge
- Quantität der Beiträge
- Kontinuität der Beiträge (also nicht nur kurz vor den Zeugnissen)
- Sprachliche Darstellung der Beiträge (z. B. korrekte Verwendung der Fachsprache, vollständiger Satzbau, Verständlichkeit)

Eine Vorlage für einen Kriterienkatalog für die mündliche Mitarbeit kann wie folgt aussehen:

- Verfolgen des Unterrichtsgeschehens
- Beteiligung am Unterrichtsgespräch
- Umgang mit Unterrichtsgegenständen
- Eingabe weiterführender Impulse

Dieser Kriterienkatalog kann für die Notenstufung mit entsprechenden Adjektiven (häufig, gewinnbringend, regelmäßig usw.) versehen werden.

Sämtliche Kriterien sollten Sie zu Beginn des Schuljahres bekannt geben. Dann ist es leicht, sich beim Festsetzen der Note den Lernenden gegenüber oder in einem Gespräch mit Eltern darauf zu beziehen. Bei den Erziehungsberechtigten kommt unter Umständen ja nur die Note eines Tests oder einer Kursarbeit an, weitere Informationen über die Leistungsfähigkeit erreichen diese nicht immer. Der Bezug auf Kriterien, die den Lernenden bekanntgemacht wurden, kann also die Begründung einer bestimmten Note erheblich vereinfachen, diese leichter nachvollziehbar machen und helfen, Widersprüche zu entkräften.

7 Informatikunterricht sprachsensibel

Seit einigen Jahren haben sich die Bemühungen verstärkt, mögliche Barrieren durch Sprache im Unterricht abzubauen. Dabei geht es nicht um eine Simplifizierung der Unterrichts- oder den Verzicht auf Fachsprache, sondern den bewusste Kompetenzaufbau in dem, was für das Fach notwendig ist – unter Verzicht auf unnötige Hürden. Gleichzeitig sollen die Lernenden im Lesen, Schreiben und Sprechen an die Nutzung und Beherrschung einer allgemein korrekten und für das Fach notwendigen Sprache herangeführt werden. Dass dabei auch die Sprachkompetenz im nichtfachlichen Bereich trainiert werden soll, muss vermutlich nicht noch zusätzlich erwähnt werden.

Dabei stößt man auf das Problem, dass mit Sprache nicht einfach Inhalte weitergegeben, sondern Verstehensprozesse begleitet werden. Man kann also nicht einfach Wissen ohne Anschauung in Sprache packen und davon ausgehen, dass die Inhalte damit auch schon verstanden sein müssten. Vielmehr hilft Sprache beim Ordnen und Systematisieren nur dann sinnvoll, wenn das, was geordnet und systematisiert werden soll, vor Augen steht. Das kann als echte Erfahrung geschehen oder so anschaulich vermittelt werden, dass die Erfahrung selbst nicht mehr gemacht werden muss.

Es wird in aller Regel zwischen der Lese-, Schreib- und Sprechkompetenz unterschieden. Im Folgenden sind einige Beispiele aufgeführt, wie die Lehrkraft vor allem die ersten beiden Kompetenzen trainieren und Verständnishürden abbauen kann. Die Sprechkompetenz kann auf der Basis der folgenden Vorschläge im Unterricht trainiert werden.

7.1 Lesekompetenz

Josef Leisen, der die Überlegungen zum sprachsensiblen Unterricht in Deutschland maßgeblich vorangebracht hat, bezieht sich nicht permanent auf Bruner (vgl. Kapitel 2.5 Die Schülerinnen und Schüler), die Ähnlichkeiten sind aber nicht zu übersehen.

Leisen unterscheidet verschiedene Ebenen von Darstellungsformen und Sprachen. Auf einer basalen, der gegenständlichen Ebene, werden Erfahrungen durch eigene Handlungen gemacht. Dadurch ist eine Vermittlung von Informationen durch Sprache nicht notwendig, sie funktioniert nonverbal. Werden Prozesse anschaulich durch das Betrachten von Bildern, steht die Bildsprache im Vordergrund. Im Unterricht gearbeitet wird häufig mit Texten. Hier ist der Abstraktionsgrad höher, in der Regel besteht aber noch ein Zusammenhang zur Erfahrungswelt der Leserinnen und Leser. Bei der Symbolsprache ist eine Kenntnis der Bedeutung von Symbolen notwendig. Gute gewählte Symbole zeichnen sich auch dadurch aus, dass sie einen nachvollziehbaren Bezug zum realen Leben haben. Dies ist in der mathematischen Sprache nicht mehr notwendig und oft auch nicht mehr möglich. Hier wird letztlich vorausgesetzt, dass die genutzte Sprache bekannt ist, verstanden wird und nicht noch erläutert werden muss (vgl. Leisen, 2013).

Ebene	**Beispiel**	**Sprache**
Mathematische Ebene	Formeln, die ohne Definition, welches Zeichen wofür steht, nicht zu verstehen sind (z. B. $a^2 + b^2 = c^2$)	Mathematische Sprache
Symbolische Ebene	Symbole, die sich teilweise auf reale Vorgänge beziehen lassen	Symbolsprache
Sprachliche Ebene	Vor allem durch Text	Verbalsprache (Alltagssprache, Unterrichtssprache, Fachsprache)
Bildliche Ebene	Durch Abbildung, z. B. Bild oder Film	Bildsprache
Gegenständliche Ebene	Vor allem durch eigene Handlungen	Nonverbale Sprache

Schwierigkeiten im Verständnis lassen sich oft dadurch erklären, dass die Lehrkraft eine zu hohe Sprachebene für die Vermittlung gewählt hat. Angenommen, es soll im Rahmen einer Reihe zum Thema Kryptologie auch die Caesar-Chiffre behandelt werden. Eine Erläuterung, die vor allem fachliche Korrektheit im Blick hat, könnte wie folgt lauten:

> Bei der Caesar-Chiffre handelt es sich um ein symmetrisches, monoalphabetisches Verschlüsselungsverfahren. Es basiert auf Substitution. Die Verschlüsselung ergibt sich durch eine zyklische Rotation um k Zeichen. K ist somit der Schlüssel.

Den Lernenden, die Grundkonzepte der Verschlüsselung schon kennengelernt haben, erschließt sich vielleicht, wie die Chiffre funktioniert. Wird Verschlüsselung neu eingeführt, dürfte diese Definition für Probleme sorgen. Dann empfiehlt es sich, von der sprachlichen Ebene auf die bildliche zu wechseln und die Vertauschung der Buchstaben als Bildfolge oder Film zu zeigen. Noch leichter nachzuvollziehen ist die Chiffrierung, wenn Schülerinnen und Schüler selbst die Gelegenheit haben, Texte anhand zweier verschiebbarer Alphabete zu ent- oder verschlüsseln und damit auf der gegenständlichen Ebene arbeiten. Dann können die Lernenden auch Begriffe wie Substitution, zyklische Rotation und k Zeichen leichter verstehen, weil sie mit den Begriffen Erfahrungen verknüpfen können. Die Bezeichnung monoalphabetisch wiederum wird anschaulicher, wenn die Schülerinnen und Schüler Erfahrungen mit einem polyalphabetischen Verfahren gesammelt haben.

Sprachsensibel die Lesekompetenz im Informatikunterricht zu fördern, heißt für das genannte Beispiel zu prüfen, welche Fachbegriffe überhaupt gebraucht werden; so lässt sich der Begriff Substitution ohne Verlust direkt durch Vertauschung ersetzen. Den Begriff monoalphabetisch wird man nur dann benötigen, wenn später die polyalphabetische Verschlüsselung behandelt wird. Dann hilft der Fachbegriff, Konzepte voneinander abzugrenzen. Wird nicht abgegrenzt, muss der Fachbegriff vielleicht auch gar nicht verwendet werden. Ob man den Platzhalter k für die Anzahl der Verschiebungen übernehmen will oder es bei einer Umschreibung belässt, kann die Lehrkraft ebenfalls entscheiden.

Tatsächlich würden bei einem solchen Vorgehen Definitionen und Fachbegriffe unter den Tisch fallen. Die Frage ist, ob damit für die Lernenden oder den Stoff selbst ein Nachteil entsteht. Denn es bleibt ja genau das übrig, was man für die Arbeit braucht.

Ein anderes Beispiel: Eine sehr kurze Definition des Begriffes Algorithmus lautet „Ein Algorithmus ist eine Anleitung, die aus einer endlichen Reihe von eindeutig ausführbaren Schritten besteht." Diese Definition ist für Schülerinnen und Schüler einer 6. Klasse nicht auf Anhieb verständlich. Da die Definition aber grundlegend und schon relativ kurz ist, wird man sie nicht weiter kürzen, sondern versuchen, sie mit Anschauungen verständlicher zu machen. Dies kann in drei Schritten geschehen. Der erste wäre, die Notwendigkeit der Eindeutigkeit zu veranschaulichen. Ein typisches Beispiel ist eine Anleitung Schnürsenkel zu schnüren. Die Tätigkeit ist bekannt und muss selbst hoffentlich nicht mehr erläutert werden. Die Schwierigkeit wird erkennbar, wenn die Lernenden versuchen, eine Anleitung zu formulieren, die jemand ausführt, der nur die gegebenen Anweisungen befolgt. Wenn die Anweisungen nicht klar und eindeutig sind, wird das Schnüren kaum erfolgreich sein können. Damit dürfte dieser Teil der Definition verständlicher geworden sein.

Nun zur Endlichkeit: Eine Erklärung des Ping-Pong-Spiels könnte wie folgt lauten: Schlage den Tischtennisball mit deinem Schläger so, dass er auf der gegenüberliegenden Seite der Platte aufschlägt. Deine Mitspielerin schlägt den Ball mit ihrem Schläger so, dass er auf deiner Seite der Platte aufschlägt. Schlage dann den Ball mit deinem Schläger so, dass er auf der gegenüberliegenden Seite der Platte aufschlägt. Deine Mitspielerin schlägt den Ball mit ihrem Schläger so, dass er auf deiner Seite der Platte aufschlägt. Schlage dann den Ball mit deinem Schläger so, dass er auf der gegenüberliegenden Seite der Platte aufschlägt ...

Obwohl ein unterhaltsames Spiel auf diese Weise beschrieben werden kann, muss offensichtlich mindestens eine Abbruchbedingung formuliert werden. Hier sollte die Notwendigkeit der Endlichkeit verständlich werden.

Ein weiterer Teil der Definition eines Algorithmus bezieht sich auf die Ausführbarkeit. Als Beispiel diene hier die Steuerung eines Mitschülers oder einer Mitschülerin durch den Klassenraum mit den Befehlen „Gehe einen Schritt vor", „Drehe dich nach links" und „Drehe dich nach rechts". Obwohl die Steuerung recht gut gelingen mag, wird früher oder später das Problem auftauchen, dass die gesteuerte Person eine Anweisung nicht befolgen kann, weil ein Hindernis wie ein Tisch oder die Wand im Weg steht. Die Anweisung ist also nicht ausführbar.

Nun sollten alle Formulierungen, die in der Definition verwendet werden, anschaulich geworden sein. Dieses Vorgehen ist zwar zeitaufwendiger als das Abschreiben und Auswendiglernen der Definition, hat aber den Vorteil, dass mit wichtigen Fachbegriffen direkt Vorstellungen verknüpft werden können. Sollte nun in einem Test nach der Definition von Algorithmus gefragt werden, können die Schülerinnen und Schüler Erfahrungen abrufen, die die Formulierung einfacher machen dürften. Nicht zu unterschätzen für die Qualität des eigenen Unterrichts ist auch der Vorteil, dass die Lehrkraft sich fragen muss, welche Fachbegriffe und Definitionen wirklich wichtig sind und entsprechend behandelt werden sollten.

Nun geht es im sprachsensiblen Unterricht nicht nur um den Umgang mit Fachbegriffen. Er soll auch helfen, Verständnisbarrieren durch Sprache aufzufinden und zu beheben. Hier lohnt sich zu prüfen, ob auf Wortebene auf substantivierte Infinitive, fachspezifische Abkürzungen und Komposita verzichtet werden kann. Auf Satzebene benutzen Lehrkräfte besser keine unpersönliche Ausdrucksweise mit „man" oder das Passiv. Als hilfreich kann sich auch die Aufteilung sehr langer Sätze in Sinneinheiten mit Haupt- und Nebensatz erweisen. Damit ist nicht die Aneinanderreihung simpler Sätze gemeint, sondern der Verzicht auf Bandwurmformulierungen.

Als Praxistipp gilt: Prüfen Sie ein fertiges Arbeitsblatt, einen Informationstext oder Aufgaben in einem Test durch ein zweites Lesen auf unnötige Sprachhürden. Dadurch verringert sich vermutlich auch die Anzahl von Nachfragen verunsicherter Schülerinnen und Schüler während der Arbeitsphase.

7.2 Schreibkompetenz

Ein Bereich, der sich zur Stärkung der Sprachkompetenz bewährt hat, ist das Scaffolding. Gemeint ist die Bereitstellung notwendiger Grundlagen als Hilfe oder „Gerüst", das nach und nach entfernt werden kann. Zu Beginn steht den Lernenden ein relativ starkes Gerüst zur Verfügung, das wenig Spielraum lässt. Dies ist besonders dann vonnöten, wenn die Lernenden sich an Standardformulierungen gewöhnen sollen oder starke sprachliche Unsicherheiten aufweisen.

Angenommen, die Schülerinnen und Schüler sollen erklären, zu welcher Ausgabe folgender Programmcode führt:

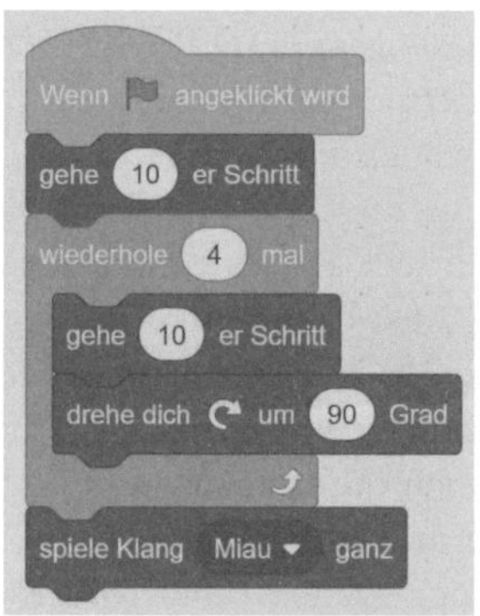

Cornelsen/Rolf Sobolewski

Ungeübte Schülerinnen werden vermutlich von oben nach unten jede Programmzeile kommentieren. Ein etwas professionelleres Vorgehen ist die strukturierte Darstellung, auf die die meisten Schülerinnen und Schüler beim ersten Mal vermutlich nicht zurückgreifen können. Als Hilfe kann z. B. folgendes Gerüst gegeben werden. Beschreibe den dargestellten Programmcode, indem du folgende Formulierungshilfen verwendest:

- Das Programm führt dazu, dass …
- Es startet, sobald …
- In einer Schleife … wiederholt.
- Nachdem die Schleife beendet worden ist …

- Zur Gliederung kannst du folgende Wörter benutzen: zunächst, anschließend, nachdem, das Programm endet …

Durch die Hilfen sind die Schülerinnen und Schüler zu Anfang stark eingeschränkt, lernen aber Formulierungen und eine Strukturierung, die sie später sicher anwenden sollen. Den sprachlich stärkeren Schülerinnen und Schülern gibt diese Einschränkung eine Orientierung, sprachlich schwachen oder im Deutschen unsicheren Lernenden ist sie eine echte Hilfe. Zentral ist dabei die Frage, ob eine bestimmte Art der Formulierung so wichtig und so häufig ist, dass sie intensiver eingeübt werden muss.

Die Hilfen können in einem nächsten Schritt (oder für Schülerinnen und Schüler, die diese enge Führung nicht benötigen) entsprechend verringert werden. Auch lässt sich die Reihenfolge der Bausteine verändern, was dazu zwingt, die logische Reihenfolge selber zu bestimmen. Zum gleichen Programmtext könnte eine verringerte Hilfe nur einige Bausteine nennen, die verwendet werden müssen, z. B. *Schleife, das Programm beginnt …, das Programm führt dazu, dass …*

Zu erwähnen ist noch, dass es sich nur ganz am Anfang anbietet, einen Lückentext ausfüllen zu lassen, weil die Schüler/-innen ja gerade die zunehmend selbstständige Ausformulierung einer kompletten Beschreibung einüben sollen.

7.3 Weitere Anregungen für den sprachsensiblen Informatikunterricht

Für den Informatikunterricht bieten sich aus der Fülle von Möglichkeiten noch einige andere Strategien zur Förderung der Sprachkompetenz an, die hier als Beispiel genannt seien:

7.3.1 Wortliste

Mit einer Wortliste können Sie eine Übersicht geben, welche Fachbegriffe im Unterricht verwendet werden sollen. Schülerinnen und Schüler können damit selbst überprüfen, ob sie alle notwendigen Fachbegriffe verstanden haben, diese anwenden und ggf. erklären können. Diese Liste lässt sich als feststehende Liste nutzen oder in einem Glossar oder Wiki auch online bearbeiten und ergänzen, im Idealfall durch die Lernenden selbst.

7.3.2 Grafik mit Erklärungen

Fügen Sie auf einem Bild einer Modellierung, z. B. einem Struktogramm, Pfeile ein, die auf von den Lernenden auszufüllende Textkästen verweisen.

Nach einer Übungsphase können die Pfeile auch weggelassen werden; dann müssen die Schülerinnen und Schüler selbstständig erkennen, was wie ausführlich zu erläutern ist.

Mit der Größe der Textkästen können Sie die Ausführlichkeit der erwarteten Erläuterung andeuten.

7.3.3 Memo-Spiel

Das Memo-Spiel können Sie am besten zur Wiederholung und Festigung einsetzen. Wer ein Fachbegriffe-Paar aufdeckt, muss erklären, was mit dem jeweiligen Begriff gemeint ist. Das Paar darf nur dann behalten werden, wenn die anderen Mitspielenden mit der Erklärung zufrieden sind.

Für den einmaligen Einsatz ist die Anfertigung eines Kartensatzes zu aufwendig. Setzen Sie das Spiel deshalb am besten bei Themen ein, die sicher wiederholt oder aufgegriffen werden.

7.3.4 Begriffsnetz

Mit einem Begriffsnetz werden Begriffe und ihre Zusammenhänge zur sichereren Verankerung im Gedächtnis bildhaft dargestellt. Es kann von der Lehrkraft oder von den Lernenden erstellt werden. Für das Thema Kryptologie könnten z. B. die Begriffe Information, Daten, Code, Schlüssel, Chiffre, Codieren, Decodieren, Verschlüsseln, Entschlüsseln, Klartext, Geheimtext, Algorithmus, Transposition und Substitution in eine grafische Übersicht gebracht werden. Je komplexer der Inhalt und je zahlreicher die Begriffe, desto eher wird die Lehrkraft Hilfen geben oder eine Vorstrukturierung anfertigen. Eine Weiterentwicklung von Schülerlösungen durch die Lehrkraft auf der Basis einer digitalen Vorlage kann hier ein guter Kompromiss sein. Die Sprechkompetenz schult man dann am besten, wenn die Lernenden üben, anhand des Begriffsnetzes Zusammenhänge zu erklären.

Josef Leisen führt in seinem „Handbuch Sprachförderung im Fach" (2013) noch einige weitere Möglichkeiten an, die Sie auf die Übertragbarkeit auf Ihren Unterricht prüfen können.

Informatikunterricht – Tipps für die Praxis

Der Informatikunterricht stellt die Lehrkraft vor besondere Herausforderungen, die so in anderen Fächern nicht vorkommen. Das lässt sich u. a. auf die Räume, den Einsatz der Technik und auch auf die Inhalte zurückführen. Aus diesem Grund folgen nun in diesem Kapitel relativ viele Tipps für die Praxis des Informatikunterrichts, die vor allem zu Beginn des Unterrichts hilfreich sein können. Es finden sich viele Überlegungen, auf die man nach einigen Stunden des Unterrichtens vermutlich auch selbst kommt, manche von ihnen zu kennen, ist aber vermutlich schon vor der ersten Informatikstunde hilfreich.

Da der Fachunterricht mit kleinen Kindern vor besondere Herausforderungen stellt, sei mit diesem begonnen. Bevor konkrete Tipps gegeben werden, sollen zunächst jedoch die Besonderheiten dieses Informatikunterrichts skizziert werden.

8.1 Informatikunterricht mit Kindern

8.1.1 Unterschiede zum Wahlfach

Der Informatikunterricht an der Grundschule bis zu den Jahrgangsstufen 5 und 6 zeigt in der Regel einen gravierenden Unterschied zum Unterricht in Mittel- und Oberstufe, sofern er nicht als AG angeboten wird. Während Schülerinnen und Schüler in Mittel- und Oberstufe das Fach aus einem größeren Angebot wählen, wird in den Stufen 3 bis 6 Informatik in der Regel für die ganze Klasse angeboten. Das hat einige Vor- und Nachteile.

Zu den Vorteilen gehört, dass der Mädchenanteil in diesen Gruppen deutlich höher ist als in Wahlkursen, in den meisten Fällen wohl bei ungefähr der Hälfte. Das informatische Selbstbild ist bei vielen älteren Jungen immer noch positiver als bei Mädchen. In den frühen Jahren allerdings zeigen Mädchen sich so offen und interessiert an den Inhalten des Unterrichts wie die Jungen. Dieses Interesse beizubehalten und zu fördern, ist eine der wichtigen Aufgaben und Chancen des frühen Informatikunterrichts.

Die Größe der Gruppe und die Heterogenität im Vorwissen legen einen etwas häufigeren Wechsel der Arbeitsformen nahe, um allen Lernenden gerecht zu werden.

Es wird kaum Informatikunterricht in größeren Gruppen als in Klassenstärke geben. Auch die Motivation einzelner Schülerinnen und Schüler dürfte im Klassenverband weniger ausgeprägt sein als in einem Wahlkurs. Hinzu kommen noch Besonderheiten des Unterrichts selbst. Die technischen Artefakte (Tablet, Computer, Platinen, Roboter etc.) haben ein enormes Ablenkungspotenzial. Dies lässt sich in einem ausreichend großen Raum mit vielleicht 16 Schülerinnen und Schülern noch einigermaßen im Blick behalten, im Klassenverband ist das nahezu unmöglich.

8.1.2 Empfehlungen

Um Stimme und Nerven zu schonen können vielleicht einige Empfehlungen helfen:

Informatikunterricht ist kein Computerunterricht. Wenn keine Geräte gebraucht werden, können Sie auch gut im Klassenraum bleiben. Zahlreiche Inhalte (etwa Grundinformationen über Hard- und Software, Geschichte des Fachs, Auswirkungen der Informatik auf die Gesellschaft, Sammlung von Bereichen, in denen Informatik eine Rolle spielt, Codierung, Kryptologie, Suchen und Sortieren, Grundlagen der KI usw.) lassen sich gut ohne Gerät behandeln. Es ist auch sinnvoll, möglichst zu Anfang mit der Fehlvorstellung aufzuräumen, dass im Informatikunterricht nur am Rechner gearbeitet wird. Im Klassenraum können Sie vielleicht auch Sozialformen nutzen, die durch die Einrichtung des Computerraums erschwert werden.

Wird mit mobilen Geräten gearbeitet, sollten diese erst ausgeteilt werden, wenn alle Arbeitsaufträge und mögliche Vorarbeiten geklärt bzw. erledigt sind. Stationäre Geräte sollten erst dann angeschaltet werden, wenn mit ihnen gearbeitet werden soll. Ein Arbeitsgerät, auf das man nicht zugreifen kann, kann schließlich auch nicht ablenken – so denkt man zumindest. Es ist aber immer wieder zu beobachten, dass Schülerinnen und Schüler selbst auf einem Gerät, das noch nicht endgültig zur Arbeit freigegeben worden ist, schon Dinge tun, die nichts mit dem Unterricht zu tun haben, etwa ein weiteres Mal das Hintergrundbild wechseln, Dateien von A nach B kopieren usw.

In der ersten Stunde müssen alle Regeln, die im Umgang mit den Geräten oder im Informatikraum gelten, angesprochen und festgehalten werden. Typische Regeln sind der Verzicht auf Essen und Trinken in der Nähe von technischem Gerät, auf welches Signal hin was mit den Geräten zu tun ist, wie diese behandelt werden müssen, welche Ordnungsregeln für die Einrichtung gilt (Stühle an die Tische schieben, Monitore aus, Geräte herunterfahren usw.).

Wie wird Hilfe angefordert? Dürfen Schülerinnen und Schüler nach vorne kommen oder sollen sie sich melden und warten, bis die Lehrkraft vorbeikommt? Lässt sich ein Hilfesystem einführen, stehen also Mitschülerinnen und Mitschüler bereit, die bei typischen Problemen helfen können, ohne dass Sie sich um alle einzeln kümmern müssen?

Bei längeren Arbeitsphasen kann es immer wieder vorkommen, dass Sie die Aufmerksamkeit aller Lernenden benötigen. Nun sind aber häufig zahlreiche Lernende davon überzeugt, sehr wohl zuhören zu können, während sie weiterarbeiten. Die Erfahrung lehrt, dass dem nicht so ist, die Einsicht aber nicht in der ganzen Klasse vorausgesetzt werden kann. Obwohl es erfreulich ist, wenn die Schülerinnen und Schüler so konzentriert bei der Arbeit sind, dass sie diese nicht unterbrechen wollen, muss dies dennoch hin und wieder sein. Können Sie Signal vereinbaren, das dazu führt, dass alle die Arbeit kurz unterbrechen, ggf. Abstand zum Gerät herstellen und die Aufmerksamkeit auf die Lehrperson richten? Sie sollten mit den Instruktionen oder Erläuterungen erst beginnen, wenn die Aufmerksamkeit vollständig hergestellt ist. Dabei kann eine Regel für die Ausrichtung zur Lehrkraft helfen, z. B. „Knie zu mir", da es sonst immer wieder vorkommt, dass die Finger auf der Tastatur verbleiben und es nicht zu mehr als einem kurzen Schulterblick kommt.

Es gibt technische Möglichkeiten, mit denen Sie z. B. die Bildschirme und/oder die Tastaturen sperren oder den Internetzugang zeitweise blockieren können. Pädagogisch sinnvoller ist die Einhaltung von Regeln zweifellos ohne diese Maßnahmen. Dennoch kann es eine echte Erleichterung darstellen, auf diese Möglichkeit zurückgreifen zu können. Langfristig sollten Sie jedoch versuchen, ohne diese auszukommen.

Aus der Not, dass nicht alle Schülerinnen und Schüler auf technisches Gerät zugreifen können, lässt sich teilweise auch eine Tugend machen. Auch hier helfen klare Regeln. Sie können die Nutzungszeit nach Intervallen ändern, also muss z. B. alle zehn Minuten die Tastatur an den Partner oder die Partnerin weitergeben werden. Nun kann die jeweils andere Person durch Pair-Programming einbezogen werden (Details im Kapitel 5 zu Methoden).

Es ist fast überflüssig zu sagen, aber die Verletzung von Regeln sollten Sie sofort und konsequent ahnden. Als relativ starkes Mittel hat sich hier die zeitweise Unterbindung der Techniknutzung herausgestellt. Da der Zugriff auf technische Medien für viele Lernende ausgesprochen reizvoll ist, wird diese objektiv harmlose Strafe von vielen Schülerinnen oder Schülern als sehr unangenehm empfunden. Um weitere Störungen durch Langeweile zu vermeiden, sollte der/die Lernende als Aufgabe bekommen, analog weiterzuarbeiten, also zu protokollieren, was die anderen tun, Programmtext aufschreiben, Hypothesen zu formulieren, Arbeitsergebnisse zusammenfasen o. ä. Es dürfte sinnvoll sein, sich vor Stundenbeginn schon Aufträge zu überlegt zu haben, die nicht als bloße Strafe, sondern als Anpassung des Arbeitsauftrags verstanden werden. Die Dauer der Auszeit zu bestimmen, liegt selbstverständlich in Ihrem Ermessen. Dass Sie bei wiederholten Verstößen eine längere Auszeit ansetzen sollten, versteht sich vermutlich von selbst. Es kann sich auch lohnen, Schülerinnen und Schüler, um die sich Inseln der Unruhe bilden, auseinander zu setzen.

Die Ahndung von anfangs sicherlich gehäuft vorkommenden Regelverstößen kostet Zeit und Nerven; vielleicht schrecken Sie auch davor zurück. Sind die Regeln aber erst einmal etabliert, lässt sich im Rest des Schuljahres zumindest etwas entspannter arbeiten, als wenn Maßnahmen immer wieder spontan und für die Lernenden nicht gut nachvollziehbar angeordnet werden.

Für Schülerinnen und Schüler, die unruhig werden, weil sie sehr schnell arbeiten und sich nicht genügend gefordert fühlen, könnten Sie zusätzliche Aufgaben in Reserve haben. Gelegentlich lassen sich diese schneller Arbeitenden als Helfer/-innen für langsamere Mitschülerinnen und -mitschüler eingesetzt werden; auf Dauer ist das aber frustrierend und bremst gute Schülerinnen oder Schüler aus. Freilich lohnt es sich auch zu prüfen, ob die so schnell erledigte Arbeit wirklich gut bearbeitet worden ist.

Es gilt aber auch, in die andere Richtung zu denken, denn Unruhe entsteht auch häufig bei den Lernenden, denen es zu schnell geht. Bevor diese abgehängt werden, sollten Sie Hilfsmaterial oder zusätzliche Übungsmöglichkeiten in Reserve halten. Das klingt nach einiger zusätzlicher Arbeit – und das ist auch so. Binnendifferenzierung ist allerdings keine Erfindung für den Informatikunterricht. Einmal erstellte Materialien können Sie ja in der Regel im nächsten Durchgang wieder nutzen.

Eine weitere besondere Herausforderung liegt in der ausgesprochen breiten Streuung von Vorwissen im Umgang mit Hard- und Software. Viele Schülerinnen und Schüler können souverän mit eigenem Smartphone oder einem Tablet umgehen und Anwendungen nutzen. Der Umgang z. B. mit einer Tastatur ist vielen aber fremd, einfach weil es bislang nicht nötig war, eine solche zu bedienen. Die Mehrfachbelegung von Tasten (Groß- und Kleinbuchstaben durch die Umschalttaste oder der Zugriff auf Euro- oder @-Zeichen) oder die bequeme Markierung von zu kopierendem Text ohne berührungssensitive Monitoroberfläche ist vielen jungen Schülerinnen und

Schülern nicht vertraut. Auch die Organisation von Daten (Kopieren, Löschen, Strukturierung von Ordnern) benötigen jüngere Schüler/-innen im Alltag nicht. Deswegen haben sie auch keine rechte Vorstellung von dem Vorteil einer Systematisierung. Auch diejenigen, die Desktoprechner der Eltern nutzen durften, sind nicht unbedingt mit dem Betriebssystem, das in der Schule genutzt wird, vertraut. Sie werden also um eine allgemeine Einführung nicht herumkommen. Dabei stößt man erfahrungsgemäß auf Widerstände, weil viele davon überzeugt sind, keine Einführung zu benötigen. Eine Kombination aus Instruktion (ob mündlich oder schriftlich) und Zugriffsmöglichkeit auf diese Information durch einen Reader oder den Hinweis auf eine Datei im Schulnetz kann die weitere Arbeit entlasten. Auch können diejenigen, die sich für Experten halten, zu Ansprechpartnern bei Problemen der Mitschüler/-innen werden.

8.1.3 Das Zeitproblem

Ein zentraler Aspekt ist noch nicht angesprochen: die Zeit. Die vielfältigen Ablenkungsmöglichkeiten der Technik wurden schon erwähnt. Besonders erschweren zwei Faktoren die Arbeit im Informatikunterricht, die eigentlich nicht überraschen sollten, aber häufig unterschätzt werden – auch von Kolleginnen und Kollegen:

Die geringe Routine im Umgang mit technischem Gerät führt in Kombination mit einer niedrigen Aufmerksamkeitsspanne dazu, dass man anfangs nur ausgesprochen zäh vorankommt. In einer Gruppe von knapp 30 Schülerinnen und Schülern ist es keine Ausnahme, dass man die gleichen Dinge nicht nur in aufeinanderfolgenden Stunden, sondern auch häufig direkt hintereinander noch einmal (und noch einmal, und noch einmal …) erklären muss. Das geschieht auch, wenn man vorher für Ruhe und Aufmerksamkeit gesorgt hat. Keine noch so ausgefeilte Erklärung – ob mündlich oder schriftlich – ist so gut, dass sie in einer großen Lerngruppe in der passenden Ausführlichkeit und Komplexität für alle Schülerinnen und Schüler auf Anhieb verständlich ist. Die Tücke steckt hier im Detail. Dass z. B. Passwörter bei der Anmeldung die exakte Einhaltung von Groß- und Kleinschreibung erwarten und sogar einmal gesetzte Leerzeichen mit abgeprüft werden, wissen Lernende nicht, deren Smartphone sich jedes einmal vergebene Passwort merkt. Die oben angesprochene Überzeugung, schon alles zu verstehen, was Sie erklären und „eben“ doch noch etwas am Rechner zu machen, führt ebenfalls dazu, dass nach gerade erklärten Inhalten doch immer wieder ein zweites und drittes Mal gefragt wird. Da es bei einigen Schülerinnen oder Schülern auf Anhieb klappt, andere aber über

Anfangsschritte nicht hinauskommen, ist die Lerngruppe sehr schnell verschieden weit und es tauchen jeweils andere Probleme auf. Diese alle in einer gewissen Ruhe zu lösen, ist nahezu ausgeschlossen. Wenn irgend möglich sollte in den ersten Stunden, in denen zum ersten Mal mit der Technik gearbeitet werden, eine zweite Lehrkraft unterstützend mit im Raum sein. Da das in der Regel nicht möglich ist, können Sie vielleicht jemanden aus einer höheren Klasse bitten, den Unterricht in der ersten Stunde zu unterstützen.

Eine mögliche Hilfe ist hier die Orientierung an einer Anleitung. Die Mühe, eine solche für Anfänger/-innen selbst zu schreiben, könnte sich lohnen, da Sie ja vermutlich über mehrere Jahre sehr viele Klassen in einige Grundlagen werden einführen müssen. Ein weiterer Vorteil ist, dass die Anleitung auf die schulische Umgebung angepasst werden kann. Die Erfahrung zeigt aber, dass auch die sorgfältigste und kleinschrittigste Erklärung nicht alle Probleme vermeiden kann. Das kann man zum Anlass für eine Optimierung nehmen – ganz vermeiden lassen sich auftretende Probleme damit aber nicht.

Sicherlich keine endgültige Lösung, aber eine Möglichkeit ist die Instruktion der Arbeit am Rechner vorzuschalten. Sie können die im Anschluss von den Schülerinnen und Schülern nachzuvollziehenden Schritte mindestens zweimal am Rechner vorführen und auf eventuelle Probleme hinweisen oder Sie nehmen wahrscheinlich auftretende Fehler vorweg und erklären, was schiefgelaufen sein könnte. Die Einbindung von Schülerinnen und Schülern kann auch über bewusst gemachte Fehler erfolgen, deren Ursache gemeinsam geklärt werden sollte. Es versteht sich von selbst, dass die Schülergeräte zu diesem Zeitpunkt am besten nicht im Zugriff der Lernenden sein sollten. Nach der Erklärung sollte noch einmal wiederholt werden, was genau zu tun ist. Wenn Sie den Eindruck haben, dass die meisten verstanden haben, was sie tun sollen, können noch Expert/-innen benannt werden, die sich bereiterklären, die anderen zu unterstützen.

Das alles ist viel Arbeit und es kostet sehr viel Zeit. Sollten Sie junge Schülerinnen und Schüler ohne den Versuch, Routinen zu etablieren, im Informatikunterricht begleiten, dürfte aber noch mehr Zeit sinnlos verstreichen und die Nerven früher oder später völlig blank liegen. Auch der Lärmpegel, der in chaotischen Stunden herrscht, kann auf Dauer zermürben. Es lohnt sich also, gut geplant und strukturiert vorzugehen, klare Regeln aufzustellen und deren Missachtung konsequent und vorbereitet zu ahnden. Dabei sollte klar sein, dass es in aller Regel keine böse Absicht der Lernenden ist, wenn Stunden mit technischem Gerät schwierig werden. Erfahrungen aus der Lehrerfortbildung zeigen gelegentlich ähnliche Verläufe – allerdings bei etwas niedrigerem Lärmpegel ☺.

8.2 Informatikunterricht mit Jugendlichen

Obwohl einige der im letzten Kapitel genannten Probleme genau so im Unterricht mit Jugendlichen auftreten, gibt es auch Besonderheiten, die Sie im Informatikunterricht mit etwas älteren Schülerinnen und Schülern bedenken sollten. Und natürlich gelten einige der folgenden Praxistipps auch schon für die unteren Klassen.

8.2.1 Der Raum

Im Kapitel zur Einrichtung des Informatikraums wurde schon auf das Problem hingewiesen, dass das Lehrkraftpult in vielen Fällen eine Barriere zwischen Ihnen und den Lernenden bildet. Diese wird noch dadurch verstärkt, dass Sie in aller Regel von hier aus die Technik für sich und die Schüler/-innen bedienen. In der Praxis führt das dazu, dass sich viele Lehrkräfte kaum vom Pult wegbewegen. Dies ist zu Beginn der Stunde ausgesprochen ungünstig, da Sie hier in der Regel die Konzentration sammeln müssen, das Thema angesprochen wird und Sie organisatorische Details klären, die im weiteren Verlauf eine Rolle spielen. Aus diesem Grund sollten Sie mehrfach während der Stunde, vor allem aber am Anfang der Kontakt zur Lerngruppe u. a. durch Überwindung der „Pultbarriere" herstellen. Das heißt auch, dass Sie die Technik vor Stundenbeginn so weit vorbereiten sollten, dass Sie die Stunde mit der Lerngruppe und nicht mit dem Rechner beginnen.

Auch während der Stunde empfiehlt sich ein Verlassen des Platzes. Bei Gruppen- oder Partnerarbeit werden Sie sich ohnehin durch den Raum bewegen und sich zur ein oder anderen Gruppe gesellen. Wenn Aufgaben besprochen oder Ergebnissen präsentiert werden, können Sie sich immer mal wieder auf einen Schülerplatz setzen und mit der Lerngruppe gemeinsam z. B. vorgestellte Lösungen betrachten. Ein vielleicht nicht ganz richtiges Arbeitsergebnis fordert im Grunde schon von allein zu einer Reaktion aus der Lerngruppe heraus. Sie werden dabei aber vermutlich auch darauf achten, dass weniger beliebte Mitschüler/-innen in einer solchen Besprechung nicht aufs Korn genommen werden.

8.2.2 Anknüpfung an behandelten Stoff

Häufig knüpft der Unterricht unmittelbar an die Ergebnisse der vorangegangenen Stunde an. Diese zu reaktivieren bereitet den neuen Lernstoff schon einmal günstig vor. Natürlich kann die Anknüpfung durch Sie erfolgen, vielleicht ist es besser, wenn dies eine Schülerin oder ein Schüler übernimmt. Nimmt man eine/-n von ihnen dran, führt das aber für alle anderen schnell zum beruhigenden Gefühl, nicht verantwortlich zu sein und damit ggf. zu verminderter Aufmerksamkeit. Dem können Sie begegnen, indem Sie der gesamten Lerngruppe zwei bis drei Minuten Zeit geben, sich noch einmal anhand der eigenen Aufzeichnungen und eines kurzen Austauschs mit den Nachbar/-innen auf den aktuellen Stand zu bringen und erst danach jemanden aus der Gruppe dranzunehmen und dessen Vortrag von einer weiteren Person fortsetzen zu lassen. Auf diese Weise ist die gesamte Gruppe aktiviert, das Vorwissen reaktiviert und es kann durch den Austausch in den Kleingruppen auch zu Fragen kommen, die sinnvollerweise vor der Weiterarbeit geklärt werden. Nebenbei wird für die Lerngruppe damit der Vorteil, sich Ergebnisse zu notieren, diese abrufbereit dabeizuhaben und sie ggf. zu korrigieren, noch einmal deutlich.

8.2.3 Trennung von Modellierung und Implementation

Wie schon erwähnt empfinden viele Schülerinnen und Schüler die Modellierung einer Lösung als Zeitverschwendung, da sie einfache Lösungen direkt implementieren wollen und glauben, das auch zu können.

Wenn die Rechner zu Beginn dieser Phase ausgeschaltet bleiben und alle zunächst mit Stift und Papier arbeiten, lenkt auch nichts ab. Wer fertig ist, kann seine Lösung mit einer anderen Person aus der Lerngruppe vergleichen, die in gleichem Tempo gearbeitet hat. Danach können beide Ihnen ihr Ergebnis präsentieren und erst danach wird die Lösung implementiert.

8.2.4 Sich einen Überblick über (Implementations-)Fortschritte verschaffen

Stellen Sie sich vor, Sie besuchen einen Kurs, bei dem Sie den Umgang mit einer Ihnen fremden Programmiersprache erlernen sollen. Sie stellen fest, dass Ihnen die Arbeit schwerer fällt als gedacht. Sie merken, dass sich die Kursleitung nähert und hinter Ihnen stehenbleibt und Ihnen zusieht ohne etwas zu sagen. Der Vollständigkeit halber stellen Sie sich auch noch vor, dass sie dies mit verschränkten Armen tut und sich nicht weiterbewegt. Für viele Kolleginnen und Kollegen dürfte das keine angenehme Vorstellung sein – und das ist sie für Schüler/-innen auch nicht.

Als Lehrkraft müssen Sie während einer Implementationsphase herumgehen und sich einen Eindruck davon verschaffen, wie gut die gestellten Aufgaben gelöst werden. Die Absicht ist natürlich, bei Schwierigkeiten zu helfen und diejenigen zu unterstützen, die geraden an einer Stelle festhängen. Und um sich zu orientieren, müssen Sie auch einen Augenblick zusehen. Das ist aber eine Situation, die viele Schülerinnen und Schüler im Lernfortschritt blockieren kann und einige wollen die für sie unangenehme Situation beenden, indem sie signalisieren, dass sie schon zurechtkommen.

Wenn Sie nicht „im Vorbeigehen" einen Eindruck gewinnen können, nehmen Sie sich vielleicht einen Stuhl, setzen sich zu Lernenden dazu und lassen sich erklären, woran sie gerade arbeiten und auf welche Schwierigkeiten sie stoßen. Durch den Stuhl sind Sie auf Augenhöhe und können eher als Berater/-in als als Kontrolleur/-in wahrgenommen werden. Wenn kein Stuhl zur Verfügung steht, können Sie sich vielleicht auch hinknien. Ein Herunterbeugen ändert die Dominanzposition nicht wirklich und kann die Bewahrung eines Mindestabstands gefährden – was wiederum der Konzentration abträglich sein kann.

8.2.5 Hilfe bei der Implementation

Wenn Sie festgestellt haben, dass eine Schülerin oder ein Schüler nicht weiterkommt, unterdrücken Sie den Impuls, die Lösung zu nennen. Immer wieder werden Sie erleben, dass Lernende sagen „Ich verstehe das nicht" und die Tastatur zu Ihnen schieben. Auch wenn Sie das erkannte Problem innerhalb weniger Sekunden selber beheben könnten, sollten Sie das vermeiden. Es hilft ja letztlich nicht!

Maus und Tastatur gehören während der Arbeitsphase den jeweiligen Schüler/-innen. Wenn Sie diese wegnehmen, nehmen Sie nicht nur Arbeit und Verantwortung weg, sondern auch den Anspruch, das Problem weitgehend selbstständig gelöst zu haben. Lassen Sie also Maus und Tastatur und damit die Verantwortung bei den Lernenden. Verweisen Sie auf evtl. Fehlermeldungen und üben Sie, diese zu verstehen und zu nutzen. Sie können mit einem Stift Programmteile bis zum Auftreten des Problems durchgehen. Lassen Sie die Lernenden möglichst viel selbst formulieren und vermuten. Bei textbasierter Programmierung hilft auch eine eventuell zuschaltbare Zeilennummerierung, dann können Sie auf den Stift als Zeigegerät verzichten.

Es ist es insgesamt hilfreich, die Dozentenrolle zu verlassen und die des Partners bzw. der Partnerin bei der Problemlösung einzunehmen. Signalisieren Sie dabei auch, dass gerade dieses Problem häufig vorkommt und nicht trivial ist – selbst wenn Ihnen das so erscheinen wird. Ziel sollte es sein, das Vertrauen in die eigene Problemlösekompetenz zu stärken und mitzuhelfen, Strategien zu entwickeln, wie ähnliche Probleme in Zukunft gelöst werden können. Wenn Sie den Eindruck haben, die Schülerin oder der Schüler ist auf einem guten Weg, verlassen Sie den Arbeitsplatz; damit dürfte die Überzeugung gestärkt werden, die Schwierigkeit doch weitgehend selbst überwunden zu haben.

8.2.6 Präsentation von Ergebnissen

Lassen Sie nicht diejenigen Schülerinnen und Schüler Ergebnisse vorstellen, bei denen Sie keine Fehler vermuten. Worüber soll man auch noch sprechen, wenn eine richtige Lösung gezeigt wird? Ist diese auch schnell und souverän angefertigt worden, kann das zu unnötiger Frustration bei denjenigen führen, die Aufgaben mit einem durchschnittlichen Tempo lösen oder aufgetretene Probleme gar nicht haben lösen können.

Die Vorstellung, alle würden von einer fertigen Lösung profitieren und diese würde einen Aha-Effekt bei denjenigen bewirken, die zwischendrin steckengeblieben sind, mag für diejenigen funktionieren, die unmittelbar vor der eigenen Lösung standen, den letzten Schritt aber nicht hinbekommen haben. Dieses Vorgehen setzt auch voraus, dass alle, die größere Schwierigkeiten hatten, die Lösung nachbilden und sich erst zufriedengeben, wenn sie diese verstanden haben, erläutern und wieder abrufen können. Die Erfahrung lehrt, dass dem nicht so ist.

Sinnvoller dürfte es sein, wenn nicht ganz perfekte Lösungen vorgestellt werden und der Kurs sich gemeinsam auf die Suche nach Lösungen und Optimierungsmöglichkeiten macht. Fehler sollten von allen als Lernchancen verstanden werden. Deshalb sollten zu Beginn nicht diejenigen drankommen, die das Problem ohnehin schon zügig gelöst haben.

In der Gesprächsführung sollten Sie auch darauf achten, dass das gemeinsame Überlegen nicht auf Kosten derjenigen geht, die ihre Lösung vorgestellt haben. Profilierungsversuche auf Kosten anderer sollten Sie unterbinden.

8.2.7 Klären von Fragen

Vermeiden Sie nach einer anspruchsvolleren Einführung in ein informatisches Konzept Formulierungen wie „Gibt es noch Fragen?“ oder „Habt ihr alles verstanden?“. In einem Kurs, in dem ein gutes Vertrauensverhältnis der Lehrkraft gegenüber und keine Konkurrenz innerhalb der Lerngruppe besteht, mag das funktionieren. Für Schülerinnen und Schüler kann es aber unangenehm sein, Verständnisprobleme zuzugeben. Diese lassen sich vielleicht mir einer anderen Fragestellung vermeiden. „Wer von euch hat alles sicher genug verstanden und benötigt keine weitere Übung mehr?“ ist dafür ein Beispiel. Da die Hemmschwelle sich zu melden bei beiden Fragegruppen erhöht sein dürfte, bekommt man mit der zweiten vielleicht eine aussagekräftigere Rückmeldung.

8.2.8 Stärken des Selbstvertrauens

Sollte es im Kurs Schülerinnen oder Schüler geben, die sich im Unterrichtsgespräch oder bei der Ergebnispräsentation zurückhalten, weil sie sich zu wenig zutrauen, sollten Sie sich überlegen, wie Sie dies ändern können. Eine Bestätigung richtiger Antworten, ein Zuspruch oder ein Signal, dass Sie überzeugt sind, dass gerade dieser Schüler oder diese Schülerin die gestellte Aufgabe oder das Problem lösen kann, sollte das informatische Selbstbild stabilisieren. Untersuchungen zeigen, dass Leistungen von Lernenden steigen, wenn Ihnen Leistung zugetraut wird. Da kann man als Lehrkraft ruhig schon einmal in Vorleistung gehen.

8.2.9 Umgang mit besonders begabten Schülerinnen oder Schülern

In den meisten Kursen gibt es Lernende mit Vorwissen. Diese suchen gerne auch das Einzelfachgespräch mit der Lehrkraft. Dass dies wenig ertragreich für den Rest der Lerngruppe ist, dürfte sich verstehen. Es empfiehlt sich also, für diejenigen, die in der Regel schneller sind als andere, weitere, herausfordernde Aufgaben bereitzuhalten. Diese sollten aber nicht den gemeinsamen Stoff vorwegnehmen – das würde das Problem ja noch verschärfen. Vielleicht ist eine zusätzliche Projektaufgabe sinnvoll, die immer dann weiterbearbeitet werden darf, wenn die Aufgaben für den Kurs gelöst sind.

Eine andere Möglichkeit ist, diejenigen als Helfer/-innen zu benennen, die vermutlich früher fertig sind als andere. Da diese aber gelegentlich nicht nachvollziehen können, warum andere an in ihren Augen simplen Aufgaben scheitern, ist Hilfe von ihnen auch nicht immer sinnvoll und willkommen.

Schließlich ist noch möglich, diejenigen, die deutlich früher fertig sind, eine Aufgabe entwickeln zu lassen, die vergleichbar der soeben gelösten ist. Das fordert heraus und auf diese Weise kommen Sie zu einer Erweiterung Ihres Aufgabenpools. Wenn mehrere Schülerinnen und Schüler neue Aufgaben entwickeln, können sie diese austauschen und sich eine Rückmeldung geben.

Hilfreiche Medien für den Informatikunterricht

Es gibt sehr viele Hilfsmittel, die den Informatikunterricht erleichtern sollen, vor allem im Bereich der Software. Eine vollständige Übersicht ist wegen der Menge an Angeboten nicht zu leisten. Es folgt zunächst ein Katalog an Kriterien, die bei der Auswahl hilfreich sein können. Suchen Sie sich am besten die Kriterien heraus, die für Sie entscheidend sind. Im zweiten Teil des Kapitels werden einige Hilfsmittel vorgestellt, die sich bewährt haben oder für den Fachunterricht besonders geeignet erscheinen. Nicht immer trifft auf alle dieser Werkzeuge jedes Kriterium zu.

Um die Schwelle zum Ausprobieren für alle Kolleginnen und Kollegen möglichst niedrig zu halten, beschränkt sich die Auswahl fast ausschließlich auf kostenlose Hilfsmittel.

9.1 Kriterien für die Auswahl an Software

Schon lange wird im Informatikunterricht völlig selbstverständlich mit der unterschiedlichsten Software gearbeitet. Der Fachunterricht hat ja auch in der Regel mit einigen Hürden, die in anderen Fächern überwunden werden müssen, nicht zu kämpfen. Häufig steht schon eine funktionierend IT-Infrastruktur zur Verfügung. Die Informatiklehrkräfte haben in der Regel im Blick, was wie installiert oder gewartet werden muss, und verfügen über die dafür notwendigen Rechte und in aller Regel auch über die entsprechende Erfahrung.

Das größere Problem kann eher darin bestehen, aus der riesigen Auswahl an Software die passende für den eigenen Unterricht zu finden. Bei der Auswahl hilft Ihnen vielleicht der folgende Katalog. Es ist aber zu bedenken, dass kaum ein Produkt allen Kriterien genügt.

9.1.1 Werkzeug ist zum Erreichen der Ziele des Informatikunterrichts besonders geeignet

Entscheidend sollte sein, ob Sie mit dem gewählten Werkzeug die Ziele des Informatikunterrichts erreichen können. Es gibt z. B. grafisch sehr ansprechende Onlinetools, die aber lediglich Fähigkeiten schulen, die nur teilweise wichtig für den Informatikunterricht sind. Von der Anziehungskraft auf die Lernenden sollten Sie sich nur bedingt beeinflussen lassen. Ein ansprechendes Tool, an dem für das Fach nicht wirklich wichtige Inhalte gelernt werden können, ist selbstredend weniger interessant als ein einfaches Programm, das gezielt informatische Kompetenzen schult, aber vielleicht optisch weniger eindrucksvoll ist – auch wenn einige Schüler/-innen das anders sehen mögen. Im Zweifelsfall sollte man die Werkzeuge nach den Zielen und nicht die Ziele nach den Werkzeugen bestimmen.

9.1.2 Portabilität

Je flexibler ein Programm eingesetzt werden kann, umso besser. Ein Programm, das nur auf dem Betriebssystem der Schule, aber nicht auf dem digitalen Endgerät der Lernenden zu Hause läuft, bietet keine Möglichkeit der häuslichen Vor- und Nachbereitung. Eine gute Wahl können Onlinetools sein, die lediglich die Installation eines Browsers voraussetzen und die unabhängig vom Betriebssystem sind. Hier sind Speichermöglichkeiten wichtig, damit Ergebnisse in Folgestunden wieder abgerufen werden können. Es muss sichergestellt werden, dass die Tools auf möglichst vielen Browsern laufen. Hier tauchen gelegentlich ähnliche Probleme wie bei den Betriebssystemen auf.

9.1.3 Kosten

Qualität kostet, aber nicht alles, was kostet, ist qualitativ gelungen. Diese Binsenweisheit gilt auch für Software, die für den Informatikunterricht genutzt werden soll. Während sich für die Schule das Geld für Lizenzgebühren für bestimmte Softwareprodukte lohnen kann, z. B. weil Sie Schülerinnen und Schüler auf die Nutzung einer bestimmten Software vorbereiten wollen oder müssen, sollte klar sein, dass man die Lernenden kaum verpflichten kann, Geld für Software auszugeben.

Für viele kostenpflichtige Programme gibt es kostenlose Alternativen auf dem Markt, die häufig vielleicht nicht ganz so professionell aussehen und weniger verbreitet sind, aber die Konzepte vermitteln, auf die es für den Unterricht ankommt.

9.1.4 Open Source

Einige Programme werden quelloffen (*open source*) angeboten. Das heißt, dass man mit dem entsprechenden Vorwissen den Programmcode prüfen könnte. Diese Einarbeitung ist für Sie in der Vorbereitung für den eigenen Unterricht natürlich nicht zu leisten. Die theoretische Möglichkeit, den Quellcode des Programms zu prüfen, erschwert es aber, Programmfunktionen zu implementieren, die unnötig sind, ungefragt Daten der Nutzenden sammeln, die deren Verhalten beobachten oder die sonstige unerwünschte Nebeneffekte haben. Ein größeres Vertrauen in die Datenschutzkonformität der Software ist hier also möglich – für die Schule nicht ganz unwichtig.

9.1.5 Motivation

Die Arbeit mit dem Werkzeug sollte motivierend für die Lernenden sein. Für diese machen modernes Aussehen und besondere Funktionen vielleicht einen Großteil der Attraktivität von Softwarewerkzeugen aus. Es sollte aber deutlich sein, dass die Funktionalität für den Unterricht wichtiger ist. Nichtsdestotrotz können Sie bei der Auswahl zusätzlich z. B. auf folgende Kriterien achten, um die Lernenden bei der Stange zu halten:

- Spricht das Programm optisch an?
- Ist es altersgerecht für die Lerngruppe?
- Gibt es einen Bezug zur Lebenswelt der Schülerinnen und Schüler oder lässt sich dieser leicht herstellen?
- Ermöglicht das Produkt auch einen spielerischen Zugang?
- usw.

9.1.6 Einarbeitungszeit

Nicht zu unterschätzen ist die Höhe der Einstiegshürde für die Lernenden. Wenn die Software nahezu selbsterklärend ist und Sie nur noch ergänzende Informationen liefern müssen, senkt das die Einstiegshürde beträchtlich und schont Ihre Nerven und Stimme. Langen Erläuterungen bei einem nicht intuitiv zu bedienenden Programm zuzuhören ist ermüdend für alle Beteiligten, provoziert Nachfragen und ist schwierig für Schülerinnen und Schüler, die Konzentrationsprobleme haben.

9.1.7 Möglichkeiten zur Weiterverwendung

Wenn auf Ergebnisse der Arbeit mit dem Softwarewerkzeug zurückgegriffen werden kann, wird der Lernaufwand zusätzlich gesenkt. Lässt sich in einer späteren Reihe auf eine schon behandelte oder nur gestreifte Funktion des Programms zurückkommen? Werden Konzepte so deutlich, dass in anderem Zusammenhang daran erinnert werden kann?

9.1.8 Differenzierungsmöglichkeiten

Liefert die Software vielleicht sogar Aufgaben mit, die Differenzierung ermöglichen? Dann kann die Arbeit mit den typischerweise heterogenen Lerngruppen im Fach erleichtert werden. Hier sind Differenzierungen z. B. nach Lerntempo, Niveau oder auch Kooperationsmöglichkeiten denkbar.

9.1.9 Vielfältige Darstellungsformen

Bietet das Programm unterschiedliche Darstellungsformen an? Ist also etwa eine Modellierung leicht in einen Programmtext zu überführen (oder umgekehrt)? Können Ergebnisse z. B. auch als Diagramm visualisiert oder in einer Simulation getestet werden?

9.1.10 Nebenziele

Vielleicht bietet das Programm auch an, quasi nebenbei weitere Lernziele zu erreichen, die nicht zum Hauptanliegen der Unterrichtsreihe gehören, die für die Lernenden im oder außerhalb des Fachs aber wichtig sein können.

9.1.11 Sprache

Ist die Sprache des Programms Deutsch? Natürlich kann man ältere Schülerinnen und Schüler auch mit vertretbarem Aufwand in die Nutzung einer z. B. englischsprachigen Software einführen und damit auch ihre Fremdsprachenkenntnisse trainieren. Da es sich aber häufig um Fachbegriffe handelt, die flüssige Nutzung der Sprache im Unterricht eine eher geringe Rolle spielt und die Sprache für schwächere Schülerinnen oder Schüler eine Hürde darstellen kann, ist in der Regel die Arbeit mit einer Software, die sich auf Deutsch nutzen lässt, einfacher.

Wie gesagt, Grundlage für eine Entscheidung sollte die Haltung sein, nicht die Lerngruppe an die Software, sondern die Software an die Lerngruppe anzupassen.

9.2 Beispiele für empfehlenswerte Software

Im Folgenden seien Softwarewerkzeuge genannt, die häufig im Informatikunterricht eingesetzt werden und einigen der genannten Kriterien entsprechen. Zur Vermeidung von Kosten für Schule, Schüler/-innen und Lehrkräfte beschränkt sich die Übersicht auf kostenlose Tools und Programme. Bei einigen sind zur Erleichterung der Entscheidung Vor- und Nachteile genannt.

9.2.1 Allgemein

Browser

Chromium (Open-Source-Variante von Chrome mit einer weniger engen Bindung an Google) und **Firefox** sind mächtige, schnelle und gut gepflegte Browser.

Vorteile: Beide Browser laufen auf allen gängigen Betriebssystemen. Für den Informatikunterricht können die Entwicklertools für die Webseitenerstellung interessant sein. Diese sind aber so mächtig, dass sie Einsteiger zunächst verwirren. Beide Browser sind relativ datensparsam.

Nachteil: Chrome ist so populär, dass viele Webentwickler vor allem auf Kompatibilität zum Google-Browser achten. Hier liegen Chromium und Firefox geringfügig zurück.

Office

LibreOffice ist ein freies Officepaket, das Programme für Textverarbeitung, die Erstellung von Präsentationen, Tabellenkalkulationen, Datenbankanwendungen und mathematischen Formeln sowie ein Grafikprogramm mitbringt.

Während man mit der Textverarbeitung Writer und der Präsentationssoftware Impress eher in anderen Fächern arbeiten wird, bringt die Tabellenkalkulation Calc über Funktionen und logische Operatoren Hilfsmittel für den Informatikunterricht mit. Mit Base lässt sich das Thema Datenbanken vor allem ab der Mittelstufe behandeln. Einige sehr verbreitete Mehrbenutzer-Datenbanksysteme werden unterstützt. Abfragen über SQL lassen sich leicht durchführen.

Vorteile: Kostenlos, von allen gängigen Desktopbetriebssystemen unterstützt. Die portable Version erlaubt die Mitnahme des Programms auf einem USB-Stick, was die Weiterarbeit an einem anderen Rechner erlaubt. Wegen einer im Großen und Ganzen einheitlichen Gestaltung ist der Umstieg von z. B. Textverarbeitung auf Tabellenkalkulation relativ einfach.

Nachteile: Sieht vor allem im Vergleich mit einigen kostenpflichtigen Officepaketen weniger professionell aus. Der Import anderer Dateiformate kann bei aufwendigeren Formatierungen für Probleme sorgen. Das Programm ist sehr mächtig. Die Fülle an Funktionen sowohl der Einzelprogramme wie des Paktes insgesamt können vor allem Einsteiger verwirren.

9.2.2 Modellieren

Diagrams

Mit Diagrams lassen sich online zahlreiche unterschiedliche Diagramme erstellen.

Vorteile: Läuft im Browser, unterschiedliche Hilfen ermöglichen ein professionelles Aussehen

Nachteile: Die Fülle an Möglichkeiten kann am Anfang verwirren. Download derzeit nur zur Dropbox oder zu GoogleDrive möglich.

PAP-Designer
Der PAP-Designer hilft bei der Erstellung von Programmablaufplänen (PAP).

Vorteile: Für Programmablaufpläne gilt, dass sie auch für Laien recht gut verständlich und nachvollziehbar sind. Die unterschiedlichen Farben im Programm helfen bei der Orientierung.

Nachteile: Für Programmablaufpläne gilt, dass sie nicht zum strukturierten Programmieren erziehen, da sie unbedingte Sprünge an beliebige Stellen des Programms erlauben.

Structog
Mit dem Onlinetool lassen sich Struktogramme erstellen.

Vorteile: Es ist ein einfaches Tool, das tut, was es soll. Die Bedienung ist schnell erklärt. Ein Export einer fertigen Modellierung in unterschiedliche Programmiersprachen (Python, C, Java) ist möglich. Damit lässt sich die Universalität einer Modellierung gut veranschaulichen.

Nachteile: Die Einfachheit der Bedienung kann zum Ausprobieren durch Herumklicken führen.

Flaci
Mit dem Onlinetool lassen sich u. a. Übergangsgraphen von Automaten erstellen.

Vorteile: Typische Eingabealphabete stehen zur Verfügung, neue können leicht erstellt werden. Die Automaten können ausgerichtet und überprüft werden. Ein Durchlauf lässt sich simulieren. Fertige Modellierungen können als Bild z. B. für Arbeitsblätter oder Kursarbeiten exportiert werden. Per Klick ist die Übertragung in eine Übergangstabelle möglich.

Nachteile: Das Thema ist etwas abstrakt für die SEK I, zum Teil aber laut Lehrplan verpflichtend.

Die Erstellung ist so einfach, dass Schülerinnen und Schüler Hausaufgaben zum Thema eventuell durch das Tool erstellen lassen.

Simulator für Schaltungen
In der Mittelstufe werden häufig Schaltungen simuliert, mit denen logische Operatoren (UND, ODER etc.) nachgebaut werden können. Zum Teil sind anspruchsvollere Schaltungen möglich, mit denen z. B. die Addition von

Dualzahlen durchgeführt werden kann. Komplexere Programme erlauben die Simulation von Mikroarchitektur, wie sie auch in Prozessoren zum Einsatz kommt. So ist zumindest im Ansatz nachvollziehbar, wie mit dem einfachen Prinzip „Strom fließt/ Strom fließt nicht" oder „0/1" anspruchsvolle Berechnungen und Darstellungen durchgeführt werden.

Auf dem Markt gibt es unterschiedliche Möglichkeiten, aber keine ist uneingeschränkt empfehlenswert.

Eine lange Tradition für den Schulunterricht hat **LoCAD**. Das Programm ist nicht kostenlos, es werden aber vergleichsweise günstige Campuslizenzen angeboten.

LogiSim ist kostenlos und erlaubt komplexe Schaltungen, ist aber auf dem Stand von 2011. Die Weiterentwicklungen **Digital** und **LogiSim Evolution** sind beide sowohl kostenlos als auch Open Source.

Ebenfalls kostenlos und im Browser lauffähig ist **simulator.io**. Einfache Schaltungen bis zum Baustein für Volladdierer lassen sich auswählen.

Es gibt eine Fülle an Alternativen, hier lohnt vielleicht eine Recherche im Netz, um eine Simulation zu finden, die den eigenen Ansprüchen am besten genügt.

9.2.3 Visuelles/blockbasiertes Programmieren

Programmieren mit der Maus

Das ist eine einfache Programmierumgebung für Schülerinnen und Schüler ab Klasse 3. Sie knüpft an die Sehgewohnheiten mit der „Sendung mit der Maus" an und dürfte dadurch die Hemmschwelle senken. Durch den spielerischen Charakter wirkt sie motivierend. Es ist eine Schritt-für-Schritt-Anleitung integriert und es gibt Zusatzinfos sowie Materialien für Lehrkräfte. Sie läuft im Browser. Die Nutzeroberfläche ist trotz aller Bemühungen um Einfachheit nicht ganz unkompliziert.

Scratch

Das ist zurzeit der Standard in der blockbasierten Programmierung. Programmiererfahrungen sind schon ab Klasse 3 möglich. Das Programm ist etwas weniger verspielt als die Programmierumgebung der Maus. Eine Nutzung bis ans Ende der Mittelstufe ist gut möglich. Eine ausführliche Darstellung gibt es im entsprechenden Kapitel 4.1.

ScratchJr
Die App für Android und iOS ist eine abgespeckte Version von Scratch für Kinder im Alter von 5 bis 7. Die Bedienung entspricht weitgehend der von Scratch, die Grafik ist noch etwas verniedlicht und die Bedienung auf die Nutzung am Tablet optimiert. So soll visuelle Programmierung schon im Kindergarten ermöglicht werden.

Blockly
Wenn im Netz Programmieraufgaben präsentiert werden, wird häufig Blockly verwendet. Blockly läuft als Bibliothek unter Android, iOS und in modernen Browsern. Ein Export als JavaScript- oder Python-Code ist möglich.

MIT App-Inventor
Der MIT App-Inventor setzt auf Blockly auf. Hoch motivierend für Schüler/-innen ist die Möglichkeit, mit dem App-Inventor auf dem Android-Smartphone laufende Apps programmieren zu können. Dabei kann auf zahlreiche Möglichkeiten des Smartphones zugegriffen werden. Sollte kein Android-Handy zur Verfügung stehen, kann die Funktion der App auch in der Entwicklungsumgebung selbst getestet werden.

Das Prinzip der Bedienung ist dem von Scratch sehr ähnlich. Nur passende Blöcke, die nach Funktion in Gruppen unterteilt sind, können kombiniert werden. Farben unterstützen die Zuordnung in die Funktionsgruppen. Es gibt einen Design-Editor für das Layout der App und einen Blocks-Editor für die Programmierung. Da die Umgebung sehr mächtig ist, ist eine deutlich längere Einarbeitungszeit vonnöten. Eine Anmeldung mit einem Google-Konto wird vorausgesetzt. Google unterstützt die Arbeit mit dem App-Inventor durch zahlreiche englischsprachige Tutorials.

Snap!
Snap! hat sich aus Scratch entwickelt. Mit dieser Umgebung lassen sich eigene Programmierblöcke entwickeln und damit auch fortgeschrittene Konzepte bis hinein in die Oberstufe umsetzen. Eine Fortsetzung der Arbeit mit Scratch ist leicht möglich. Das Programm läuft auch im Browser. Die Programmblöcke stehen auf Englisch zur Verfügung.

Kara
Mit dem Programm lässt sich ein Marienkäfer durch einen „Wald“ steuern. Kara soll bestimmte Aufgaben lösen wie Blätter aufheben oder ablegen. Die

Befehle werden durch Symbole dargestellt, eine Programmierung erfolgt durch das Anklicken und Ziehen von Befehlen bzw. Bedingungen. Genauere Erläuterungen finden sich im entsprechenden Kapitel 4.2.

9.2.4 Textbasierte Programmierung

Logo

Logo ist eine textbasierte Programmiersprache. Sie wurde schon Ende der 1960er-Jahre entwickelt mit der Absicht, Kinder für das Programmieren zu begeistern. Das Konzept der Turtle-Grafik wurde hier begründet: Man steuert eine Figur – die Turtle (Schildkröte) – mit Befehlen über einen Bildschirm. Diese hinterlässt auf ihrem Weg eine Spur, mit der z. B. geometrische Figuren gezeichnet werden können. Der spielerische Gehalt steht scheinbar im Vordergrund. Er motiviert dazu, mit entsprechenden Befehlen visuell interessante Muster auf den Bildschirm zu zeichnen.

Vorteile: Die Möglichkeit, relativ einfach ansprechende Muster zu kreieren, ist für viele Schülerinnen und Schüler motivierend. Das Bedürfnis, anspruchsvollere Grafiken zu „zeichnen" verringert deutlich die Hürde, Textbefehle eintippen zu müssen. Über typische geometrische Figuren gelingt die Einführung von Schleifen und das Schreiben eigener Funktionen bis hin zur Rekursion vergleichsweise einfach. Problemanalyse und das Aufteilen von Lösungsansätzen in Einzelschritten sind gut erlernbar.

Nachteil: Die Konzentration auf die Turtle schränkt die Auswahl an Aufgaben im Verlauf weiterer Programmierung ein.

Es gibt zahlreiche Programme, um Logo zu erlernen. Hilfreich für den Schulunterricht ist z. B. das Angebot XLogo der ETH Zürich. Das Programm läuft im Browser und ist in vier Versionen auf unterschiedliche Altersgruppen zugeschnitten (Kindergarten bis Ende der Mittelstufe).

Hamster-Modell

Wie in einigen anderen Programmierumgebungen für Anfänger/-innen geht es darum, eine Figur durch eine Miniwelt zu steuern, hier einen Hamster auf der Suche nach Futter. Die Programmierung kann über Texteingabe erfolgen, es besteht eine Auswahl unterschiedlicher Programmiersprachen, auch deutsche Textbefehle sind möglich. Sehr verbreitet ist das Java-Hamster-Modell, mit dem imperativ, objektorientiert und parallel programmiert werden kann. Mittlerweile gibt es auch eine blockbasierte Umgebung, um online Programme zu erstellen.

Vorteile: Die Programmierumgebung ist verspielt und dürfte Kinder ansprechen. Die Steuerung des Hamsters auf der Suche nach Futter motiviert. Gleichzeitig sind anspruchsvolle Programme möglich.

Nachteile: Die Grafik ist in die Jahre gekommen. Je anspruchsvoller die Aufgaben, desto weniger scheint die spielerische Verpackung zu passen. Bei den installierten Versionen wird Java vorausgesetzt.

Robot Karol

Auch Karol, ein Bauarbeiter, wird durch eine Miniwelt gesteuert. Hier findet die Programmierung aber durch deutsche Befehle einer eigenen Programmiersprache statt. Karol erweitert das Konzept der Steuerung einer Figur durch eine Miniwelt um eine dritte Dimension – Gegenstände können gestapelt werden. Durch Schleifen lassen sich komplexe Strukturen bauen.

Vorteile: Kompakte Entwicklungsumgebung, die Welt, Programmierfenster, Befehlsbibliothek und weitere Meldungen in einem Fenster vereint. Die Befehle sind auf Deutsch und weitgehend intuitiv, sie werden im Programm erläutert. Die Möglichkeit, komplexere Strukturen zu „bauen", ist für viele Schülerinnen und Schüler motivierend. Ein Struktogrammeditor ist eingebaut, Struktogramme zu Programmen können z. B. für Kursarbeiten als Bild exportiert werden.

Nachteil: Die Grafik ist altbacken und schreckt beim Erstkontakt ab.

EOS

Die Abkürzung steht für **E**infache **O**bjektorientierte **S**prache. Mit Textbefehlen werden Objekte gesteuert, über Schleifen sind kleine Animationen möglich. Das Programm hat im Informatikunterricht in Bayern eine recht lange Tradition. Mit EOS 2 gibt es eine modernere Variante.

Vorteile: Wenn in die Objektorientierung eingeführt werden soll, gelingt dies recht anschaulich mit den Grafikobjekten, die man aus Klassen erzeugt und über Methoden manipuliert. Durch Einzelschritte im Programmablauf lässt sich die Veränderung von Objekten veranschaulichen.

Nachteile: Objektorientierung ist für viele Schülerinnen und Schüler anfangs nicht leicht zu verstehen und spielt ihre Stärken eher in größeren Programmierprojekten aus.

9.2.5 Weitere Tools

CrypTool

CrypTool ist eine Anwendung, mit der das Thema Ver- und Entschlüsseln von Daten begleitet werden kann. In den unteren Klassen wird man aus der großen Auswahl vermutlich nur die Cäsar-Chiffre, die Skytale sowie die Vigenère-Verschlüsselung behandeln. Mit dem Tool lassen sich aber auch schon einmal komplexere Verfahren ausprobieren.

Vorteile: Veranschaulicht die Vielfalt unterschiedlicher Verschlüsselungsverfahren, lädt mit Einschränkungen zum Ausprobieren ein. Auch Verfahren um Verschlüsselungen zu knacken, lassen sich teilweise ausprobieren. Die Verfahren werden erklärt. Es liegen mehrere Versionen vor, am einfachsten zu nutzen ist die Online-Version.

Nachteil: Die Vielzahl von Angeboten kann verwirren und ablenken.

Filius

Mit Filius kann die Vernetzung von Rechnern bis hin zum WWW simuliert werden. Ein Skript, das nach der Installation im Programmordner liegt, klärt die Funktion und stellt sinnvolle Aufgaben. Filius wird teilweise schon in der SEK I eingesetzt, das Schichtenmodell, das auch erläutert und veranschaulicht wird, dürfte aber eher Thema der SEK II sein.

Filius benötigt eine Java-Umgebung, die aber bei der Installation mitgeliefert wird.

Vorteile: Die Vernetzung von Rechnern kann simuliert werden. Die Funktionsweise des World Wide Web oder des Datenaustauschs wird nachvollziehbar, ohne dass Schülerinnen und Schüler „echte“ Rechner nutzen müssten.

Nachteil: Für den Mittelstufenunterricht ist es schnell zu anspruchsvoll.

9.3 Beispiele für empfehlenswerte Hardware

Bei der Hardware ist die Beschränkung auf kostenlose Medien nicht mehr möglich.

9.3.1 Calliope Mini

Der Calliope Mini ist ein Einplatinen-Computer. Er ist entwickelt worden, um schon Grundschüler/-innen das Programmieren nahezubringen. Das klingt gewagt, tatsächlich ist die Platine aber so aufgebaut, dass auch sehr junge Schülerinnen und Schüler Erfahrungen in der Programmierung sammeln können. Hilfreich ist dafür die Fülle an Sensoren und Aktoren wie

Mikrofon, Lautsprecher, Beschleunigungssensor, 5x5 LED-Matrix, RGB-LED, Magnetometer etc. Der Calliope Mini nutzt Bluetooth. Es gibt programmierbare Tasten und Anschlüsse für Krokodilklemmen.

Angeboten werden unterschiedliche Editoren für blockbasiertes Programmieren, z. B. von Open Roberta Lab und eine Fülle von auch kostenlosem Material für den Schulunterricht.

Vorteile: „Echte" Hardware ist für viele Schülerinnen und Schüler deutlich motivierender als eine Simulation am Rechner. Die Fülle an Möglichkeiten fordert die Entdeckerfreude heraus. Projektarbeit drängt sich geradezu auf. Die Hardware ist relativ robust.

Nachteile: Die Finanzierung muss geklärt werden. Es ist notwendig, klare Regeln für den Umgang mit der Hardware aufzustellen und durchzusetzen.

9.3.2 Arduino

Der Arduino ist ein Mikrocontroller für Schalt- und Steueraufgaben. Anders als der Calliope benötigt er noch zusätzliche Hardware. Mit einem Steckbrett und Widerständen können z. B. schnell einfache Stromkreise mit LEDs aufgebaut werden. Damit lässt sich leicht übergehen zur Programmierung unterschiedlicher interaktiver Objekte. Konzepte der Technischen Informatik lassen sich gut veranschaulichen.

Die Programmierung erfolgt in einer an C/C++ angelehnten, aber etwas vereinfachten Programmiersprache.

Der Arduino ist so vielseitig, dass er mittlerweile auch in der Industrie verwendet wird. Es gibt ihn in unterschiedlichen Ausführungen; mittlerweile bietet der Markt auch einige Nachbauten.

Vorteile: Der Arduino ist für seine Größe und seinen geringen Preis ungemein flexibel, seine Möglichkeiten wecken die Kreativität der Lernenden. Er wird häufig in Kursen für Schüler/-innen zur Einführung in Physical Computing verwendet.

Nachteil: Die textbasierte Programmierung ist für Programmieranfänger nicht ganz trivial. Die Ansteuerung von Hardware muss erst einmal als Konzept verstanden worden sein. Die Anschaffung zusätzlicher Hardware erhöht die Kosten.

9.3.3 Lego Mindstorms

Über Jahre war Lego Mindstorms trotz des hohen Preises ausgesprochen populär für Robotik-AGs. Hier wurden vor allem Roboter oder andere interaktive und autonome Systeme gesteuert. Lego hat die Produktlinie Ende 2022 eingestellt.

10 Empfehlungen: Bücher und Angebote im Netz

Bücher

Zitzler, Eckart (2017). Dem Computer ins Hirn geschaut: Informatik entdecken, verstehen und querdenken. Springer. – Gut verständliche Einführung ins Fach. Zitzler erklärt Grundkonzepte der Informatik und zieht interessante Parallelen zur Biologie.

Zitzler, Eckart (2021). Basiswissen Informatik: Grundideen einfach und anschaulich erklärt. Springer. – Ein schmales Bändchen, das noch kürzer und noch etwas einfacher in wichtige Fachkonzepte einführt

Zum Thema Kryptologie sind von Simon Singh zwei Bücher erschienen:

Singh, Simon (2001). Geheime Botschaften – Die Kunst der Verschlüsselung von der Antike bis in die Zeiten des Internet. dtv. – Führt fundiert und gut verständlich ins Thema ein.

Singh, Simon (2021): Codes – Die Kunst der Verschlüsselung. dtv. – Gilt als „Jugendfassung" von „Geheime Botschaften" und ist entsprechend weniger umfangreich und noch verständlicher gehalten

Kersting, Kristian/Lampert, Christoph/Rothkopf, Constantin (Hrsg.) (2019). Wie Maschinen lernen. Künstliche Intelligenz verständlich erklärt. Springer. – Eine gut lesbare Einführung in die Künstliche Intelligenz; hier steht allerdings eher das Verständnis und weniger die Umsetzung im Unterricht im Zentrum.

Gallenbacher, Jens (2021). Abenteuer Informatik. IT zum Anfassen für alle von 9 bis 99 – von Navi bis Social Media. Springer. – Ebenfalls leicht verständlich und zu Recht im Untertitel mit „IT zum Anfassen für alle von 9 bis 99 – von Navi bis Social Media" beworben. Sehr gut nachvollziehbar werden unterschiedliche wichtige Themen des Faches auf anschauliche bis spielerische Art und Weise nahegebracht. Dabei hilft das Material, das teilweise ausgeschnitten und ausprobiert werden kann – eben „Informatik zum Anfassen". Die Zielgruppe ist an Informatik interessiert, aber nicht vom Fach. Die Materialien lassen sich nur teilweise für den Unterricht übernehmen. Gallenbacher gelingt es aber, auch anspruchsvolle Konzepte so anschaulich zu vermitteln, dass man sich fragt, was daran eigentlich kompliziert sein soll.

Auf dem Markt sind derzeit verschiedene Fachdidaktiken zu bekommen. Die ersten drei haben als Zielgruppe eher Studentinnen und Studenten, die Informatik auch in der Oberstufe unterrichten wollen. Modrow und Strecker beziehen in der Argumentation und Ausrichtung deutlicher Lehrende in der SEK I ein:

Humbert, Ludger (2006). Didaktik der Informatik mit praxiserprobtem Unterrichtsmaterial. Teubner. – Humbert war Fachleiter, Lehrer und Professor für Fachdidaktik Informatik, er kennt also alle drei Säulen der Ausbildung. Das Buch ist aus der Arbeit mit Studierenden entstanden und eignet sich teilweise auch zum Selbststudium. Nicht wichtig, aber gewöhnungsbedürftig ist, dass er ausschließlich die weiblichen Formen wählt.

Hubwieser, Peter (2007). Didaktik der Informatik. Grundlagen, Konzepte, Beispiele. Springer. – Der Titel galt lange Zeit als der Klassiker der Fachdidaktik Informatik.

Schubert, Sigrid/Schwill, Andreas (2011). Didaktik der Informatik. Springer. – Ein universitärer Blick auf die Schulinformatik. Von besonderer Bedeutung ist der Text von Schwill über die Fundamentalen Ideen.

Modrow, Eckart/Strecker, Kerstin (2016). Didaktik der Informatik. De Gruyter Oldenbourg. – Aktuellste Fachdidaktik, die konsequent dafür eintritt, Unterricht eher an den Bedürfnissen der Schülerinnen und Schüler auszurichten statt an Fachinhalten. Scratch und gesellschaftliche Auswirkungen der Informatik nehmen einen breiten Raum ein.

Hartmann, Werner/Näf, Michael/Reichert, Raimond (2007). Informatikunterricht planen und durchführen. Springer. – Hier handelt es sich nicht um eine Fachdidaktik im engeren Sinn, es gibt aber viele Tipps für die Praxis. Sehr gut lesbar.

Wer sich zur aktuellen Diskussion der Fachdidaktik einarbeiten will, findet online die Bände zu den Fachtagungen „Informatik und Schule (INFOS)" von der Gesellschaft für Informatik ab 2015 und einige ältere Tagungsbände. Die relativ kurzen Veröffentlichungen geben aktuelle Forschungsergebnisse wieder. Die Themen sind sehr unterschiedlich, die Verwertbarkeit für den Unterricht ebenfalls. Aktuell sind diese in der Digitalen Bibliothek der Gesellschaft für Informatik (GI) zu finden: unter dem Stichwort „GI-Fachtagung Informatik und Schule" auf der Seite von dl.gi.de.

Webseiten

Da Webseiten gerade zur Informatik einem ständigen Wandel unterworfen sind, werden hier nur einige aufgeführt, die schon länger am Markt sind, weiterentwickelt werden und einen kostenlosen Zugang ermöglichen.

- **Computer Science unplugged (Informatik ohne Strom)** – eine Fundgrube für die Informatikdidaktik. Hier geht es um Informatikkonzepte, die sich ohne Computer erschließen lassen und in der Regel die Lernenden zu Aktivitäten anregen. Der Gedanke ist, dass man sich die Konzepte nicht durch Lesen, sondern durch Handeln erschließen soll. Dafür gibt es zahlreiche Bastelvorlagen und Erklärungen, mit welchen Aktivitäten welche Konzepte eingeführt werden können. Ein spielerischer Ansatz steht im Vordergrund, der schon Grundschüler/-innen zum informatischen Denken animiert und bis in die Oberstufe zur Veranschaulichung beitragen kann. Auf der entsprechenden Webseite finden sich neben den Materialien zahlreiche Erklärungen, Unterrichtsvorschläge und Hintergrundinformationen. Unter „Classic Computer Science unplugged" gibt es ältere und bewährte Materialien, die auf alle Fälle einen Blick lohnen.

- **Einstieg-informatik.de** – Die Seite richtet sich an Schüler/-innen, die sich für Informatik allgemein oder eine Ausbildung interessieren, und an Lehrkräfte, die auf der Suche nach Fortbildungen, Literatur, Workshops für Lernende oder Material sind. Außerdem finden sich Links zu zahlreichen Onlineangeboten, die hier nicht alle aufgelistet werden können. Gut zur Orientierung geeignet.

- Die Seite **inf-schule.de** gehört mittlerweile zu den Klassikern der Webseiten für Schulinformatik. Schon 2008 gegründet, passt sich die Seite den Veränderungen im Fach an und optimiert das Angebot ständig. Viele Themen richten sich eher an ältere Schülerinnen und Schüler, mittlerweile ist aber mit der Rubrik „Kids" ein Angebot für jüngere Lernende hinzugekommen. Hier werden Materialien auch nach unterschiedlichem Anspruch angeboten. Lehrkräfte können sich registrieren und dann auf Lösungen für Aufgabe zugreifen.

- **AppCamps** bietet Unterrichtsmaterial für unterschiedliche Standardthemen vor allem der SEK I an. Es finden sich aber auch Angebote ab Klasse 3 oder Themen, die in der Oberstufe behandelt werden können. Der Vorteil einer klaren Führung durch die Materialien kann die Lehrkraft entlasten, da es sehr detaillierte Anleitungen gibt und erklärende Videos angeboten werden. Die Führung kann aber auch zum Nachteil werden, wenn die Schülerinnen und Schüler Klickanweisungen folgen und eine Einordnung und Systematisierung unterbleibt.

- Die **Materialsammlung Informatik der Bergischen Universität Wuppertal** versammelt Unterrichtsentwürfe und Materialien zur Schulinformatik beider Sekundarstufen. Die Materialien liegen als PDF oder editierbar in LaTeX vor. Besonders gelungen ist das große Angebot zur Kryptologie mit dem „Spioncamp".

Einen besonderen Hinweis verdient der **Wettbewerb Informatik-Biber**. Dieser findet jedes Jahr im November statt und richtet sich gestuft an Schülerinnen und Schüler der Jahrgangsstufe 3 bis 13. Online im Multiple-Choice-Verfahren werden Aufgaben innerhalb einer Schulstunde gelöst. Diese erkennen Informatiker/-innen sofort als typisch für das Fach, für die Lernenden drängt sich der Bezug allerdings nicht auf. Der Wettbewerb fordert informatisches Denken heraus. Immer wieder kann man feststellen, dass gerade Kinder und Jugendliche, die sich für nicht besonders talentiert im Fach halten, zu guten Ergebnissen kommen. Dieses Erfolgserlebnis sollte man seinen Schülerinnen und Schülern gönnen. Allen Teilnehmenden winkt als Anerkennung eine Urkunde, den besten ein kleiner Sachpreis. In der Vorbereitung des Wettbewerbs gibt es einen Probedurchlauf, mit dem man die Organisation und Technik prüfen kann.

Auch der **Jugendwettbewerb Informatik** beginnt online. Er richtet sich an Schülerinnen und Schüler ab Klasse 5. Der Wettbewerb erstreckt sich über drei Runden, aber nur die ersten beiden sind online zu lösen. Mit Blockly steht hier schon (visuelles) Programmieren im Vordergrund. Wenn die Lerngruppe den Biberwettbewerb gemeistert hat, kann sie vielleicht auch für die Teilnahme am Jugendwettbewerb gewonnen werden, das ist aber keine Voraussetzung.

11 Literaturverzeichnis

BEST, A., BOROWSKI, C., BÜTTNER, K., FREUDENBERG, R., FRICKE, M., HASELMEIER, K., HERPER, H., HINZ, V., HUMBERT, L. (FEDERFÜHREND), MÜLLER, D., SCHWILL, A. &, THOMAS, M. (2019). *Kompetenzen für informatische Bildung im Primarbereich*. Bonn: Gesellschaft für Informatik. Verfügbar unter https://dl.gi.de/handle/20.500.12116/20120/browse?type=title&sort_by=4 [21.2.23]

BITKOM (2021). *In Informatik-Hörsälen liegt der Frauenanteil bei einem Viertel.* Verfügbar unter https://www.bitkom.org/Presse/Presseinformation/Informatik-Frauenanteil [21.2.23]

BRINDA, T., FOTHE, M., FRIEDRICH, S., KOERBER, B., PUHLMANN, H., RÖHNER, G. & SCHULTE, C., (2008). *Grundsätze und Standards für die Informatik in der Schule - Bildungsstandards Informatik für die Sekundarstufe I.* In: Puhlmann, H. Bonn: Gesellschaft für Informatik e.V. Verfügbar unter https://dl.gi.de/handle/20.500.12116/2345 [11.3.22]

BRUNER, J. S. (1964). *The course of cognitive growth. American Psychologist, 19*(1), S. 1-15. https://doi.org/10.1037/h0044160

DR. ENGELMANN, L. (2015). *Duden Informatik – Lehrbuch S II.* Berlin: Cornelsen

GALLENBACHER, J. (2021). *Abenteuer Informatik: IT zum Anfassen für alle von 9–99. Vom Navi bis Social Media.* (5. Auflage). Berlin: Springer

GESELLSCHAFT FÜR INFORMATIK E.V. (HRSG.) (2016). Dagstuhl-Erklärung – Bildung in der digitalen vernetzten Welt. Verfügbar unter https://dagstuhl.gi.de/fileadmin/GI/Hauptseite/Aktuelles/Projekte/Dagstuhl/Dagstuhl-Erklaerung_2016-03-23.pdf [21.2.2023]

HARTMANN, W., NÄF, M., REICHERT, R. (2006). *Informatikunterricht planen und durchführen.* Berlin: Springer

HUBWIESER, P. (2007). *Didaktik der Informatik: Grundlagen, Konzepte, Beispiele.* Berlin: Springer

HUMBERT, L. (2006). *Didaktik der Informatik.* Wiesbaden: Teubner

KERSTING, K., LAMPERT C. & ROTHKOPF, C. (2019) *Wie Maschinen lernen: Künstliche Intelligenz verständlich erklärt.* Wiesbaden: Springer

KMK (Hg.) (2017). *Bildung in der digitalen Welt: Strategie der Kultusministerkonferenz. Beschluss der Kultusministerkonferenz vom 08.12.2016 in der Fassung vom 07.12.2017.* Verfügbar unter https://www.kmk.org/

fileadmin/pdf/PresseUndAktuelles/2018/Digitalstrategie_2017_mit_Weiterbildung.pdf [21.2.23]

LEFRANÇOIS, GUY (2015). *Psychologie des Lernens* (5. Auflage). Heidelberg: Springer 2015

LEISEN, JOSEF (2013). *Handbuch Sprachförderung im Fach.* Stuttgart: Klett

MODROW, E., STRECKER, K. (2016). *Didaktik der Informatik.* Berlin: de Gruyter

PARADIES, L. & GREVING, J. (2005). *Unterrichts-Einstiege.* Berlin: Cornelsen.

RÖHNER, G., BRINDA, T., DENKE, V., HELLMIG, L., HEUßER, T., PASTERNAK, A., SCHWILL, A. & SEIFFERT, M. (2016). *Bildungsstandards Informatik für die Sekundarstufe II.* LOG IN: Vol. 36, No. 1. Berlin: LOG IN Verlag. (S. 1-88). Auch verfügbar unter https://dl.gi.de/handle/20.500.12116/17519 [21.3.23]

SCHUBERT, S., SCHWILL, A. (2011). *Didaktik der Informatik.* Heidelberg: Spektrum

SCHINZEL, B. (2004). *Kulturunterschiede beim Frauenanteil im Informatik-Studium.* Verfügbar unter http://mod.iig.uni-freiburg.de/cms/fileadmin/publikationen/online-publikationen/Frauenanteil.Informatik.International.pdf [21.3.23]

SCHWARZ, R., HELLMIG, L., FRIEDRICH, S. (2022). *Informatik-Monitor: September 2022.* Verfügbar unter https://informatik-monitor.de/fileadmin/GI/Projekte/Informatik-Monitor/Informatik-Monitor_2022/Informatik-Monitor_2022_2023_FINAL.pdf [21.3.23]

SINGH, S. (2002): *Codes: Die Kunst der Verschlüsselung.* München: Carl Hanser

SINGH, S. (2001): *Geheime Botschaften: Die Kunst der Verschlüsselung von der Antike bis in die Zeiten des Internet.* München: dtv

WING, J. (2006). *Computational Thinking.* Communications of the ACM. 49. S. 33-35. Auch verfügbar unter https://www.cs.cmu.edu/~15110-s13/Wing06-ct.pdf [21.2.23]

ZITZLER, E. (2017). *Dem Computer ins Hirn geschaut: Informatik entdecken, verstehen und querdenken.* Berlin: Springer

ZITZLER, E. (2021). *Basiswissen Informatik: Grundideen einfach und anschaulich erklärt.* Berlin: Springer